LETTERATURA ALTERNATIVA
Edizioni

ENRICO IVIGLIA

AD ALTA VOCE

Storia di un ragazzo diventato tenore

LETTERATURA ALTERNATIVA
Edizioni

Edito da: Letteratura Alternativa *Edizioni* Asti (AT)
Via U. Calosso, 5
Tel. 0141/439035

www.letteraturaalternativa.it
e-mail: info@letteraturaalternativa.it

Editing, impaginazione, grafica di copertina: LA *Edizioni*

ISBN 978-88-94815-81-8
I° Edizione Settembre 2019

*Correttore di bozze in fase iniziale: *Laura Avidano*
*Foto della prima di copertina: *Enrico Magri*

AD ALTA VOCE

Storia di un ragazzo diventato tenore

INTRODUZIONE

"Ad alta voce" è il libro del tenore *Enrico Iviglia* in cui egli racconta i suoi primi quarant'anni.

Un diario di esperienze, avventure, viaggi, per raccontare il percorso finora fatto nei Teatri di tutto il mondo, interpretando con la sua voce tenorile i principali ruoli delle opere liriche.

Dalla nascita della passione verso il canto lirico agli studi musicali; dalle prime esperienze in coro al debutto al Teatro alla Scala; dal bullismo degli anni '80 alle difficoltà per mantenere un livello professionale sempre costante, tra aneddoti, ricordi, successi e porte chiuse.

Un libro che vuole essere anche un messaggio per i tanti giovani che oggi vogliono intraprendere una carriera artistica e non sanno quale strada percorrere.

Un racconto di una strada in salita, costellata di incontri significativi, di perdite e abbandoni, di soddisfazioni e successi, mettendo, però, il proprio obiettivo sempre avanti.

Perché ciò che conta per il tenore Iviglia è *"Crederci sempre, arrendersi mai."*

CREDERCI SEMPRE, ARRENDERSI MAI

Mi chiamo Enrico Iviglia.

Come la città spagnola Siviglia, ma senza la S.

Un cognome molto semplice, eppure sono in molti a sbagliarlo. Inviglia, Ivillia, Brilia o Enrico Nillia, come simpaticamente pronunciò Antonella Clerici durante "La prova del cuoco", quando fui ospite.

Alcuni mi chiamano in modo confidenziale "Ponch", soprannome che da quattro generazioni distingue la mia famiglia: *Puncinun* era il mio bisnonno, nato a Calliano Monferrato nel 1875; *Puncin* mio nonno Giovanni, contadino e allevatore; infine, il mio babbo Mario, macellaio, ma anche grande *factotum* della città. Il suo Doblò blu è un punto di riferimento del paese, una sorta di pattuglia dell'informazione.

Io sono "Ponch", con l'"h" finale per renderlo moderno. I soprannomi, come i diamanti, sono per sempre, e ancora oggi in paese continuano a chiamarmi così.

Mi piace: è un modo per ricordare a me stesso da dove provengo, quali sono le mie origini, e quale è il percorso fatto per arrivare da un piccolo paese di provincia ai Teatri di tutto il mondo.

Mia mamma Renata nel 1978 aveva un altro bellissimo nome in mente per me: Mauro. Oggi, con il lavoro che svolgo, trovo più armonioso e incisivo il nome Enrico, che accompagna perfettamente il mio cognome. Pensatelo annunciato da Pippo Baudo: Enrico Iviglia! Suona bene, immediato, televisivo, facile da tenere a mente: tre sillabe il nome, tre il cognome.

"Ma di preciso, che lavoro fai?".

Questa è una delle domande più frequenti che mi sono sentito porre, soprattutto agli inizi del mio percorso artistico e da persone non particolarmente vicine al mondo del teatro.

Pochi riuscivano a capire come si potesse vivere di arte; molti pensavano che presto mi sarei arreso, che avrei optato per un lavoro più tradizionale e "sicuro": geometra o architetto, magari macellaio come mio padre.

In realtà, io avevo le idee ben chiare su ciò che volevo per il mio futuro e avrei fatto di tutto per riuscire ad arrivare dove mi ero prefissato.

Almeno, avrei tentato di tutto prima di mollare.

La mia cocciutaggine, la mia determinazione, la mia tenacia hanno fatto sì che la mia passione si trasformasse in un lavoro a tutti gli effetti, seppur atipico e al di fuori dei canoni tradizionali.

Appurato che di professione faccio il cantante lirico, la curiosità delle persone non si placa, anzi si manifesta attraverso domande sempre più bizzarre.

"Adesso dove sei?", sottinteso: "In quale città stai cantando?"

"Quanto guadagni?"

"Non hai paura di dimenticare le parole?"

"Non hai ansia prima di iniziare uno spettacolo?"

L'ansia da prestazione c'è quando non si è sicuri di un determinato punto musicale, quello che magari non ti è venuto bene durante le prove, quello che non sei riuscito a risolvere, perché sei ancora troppo giovane o inesperto.

Certe volte mi assale l'ansia di non sentire l'interfono presente in ogni camerino e nei corridoi del Teatro che permette di seguire l'opera, e temo di non essere puntuale nella mia entrata in palcoscenico, per cui ho sempre l'orecchio teso e cerco di non avere fonti di distrazioni.

Mi è capitato di provare ansia in occasione di alcuni spettacoli in cui le note di regia erano molto esigenti. Se la prestazione del cantante non è adeguata alle richieste del regista, possono nascere conflitti o malumori durante le prove, che vanno a minare la buona riuscita dello spettacolo. Ogni regista ha una sua sensibilità artistica che porta a interpretare un'opera o a concepire la psicologia di un personaggio a proprio modo ed è possibile che le indicazioni e il gusto del regista siano lontani dalle idee degli artisti. Quindi i cantanti non si sentono a proprio agio nell'interpretazione del ruolo secondo le sue richieste. Tutto ciò può portare ansia e indecisione sul palcoscenico.

Per un cantante può essere molto fastidioso indossare certi accessori, come un cappello o un cilindro, soprattutto se sta indossando una parrucca; la percezione del suono è completamente diversa, distrae, creando anche difficoltà in palcoscenico.

Quindi un buon artista, che sia il regista o il cantante, cerca sempre di raggiungere accordi per soddisfare le esigenze visive dello spettacolo, ma senza danneggiare l'esecuzione vocale.

Altro motivo di ansia è rappresentato dal timore di non avere continuità nel lavoro. Può capitare di non avere contratti con Enti che permettano di mantenere una costante presenza nei Teatri o di non ricevere mail con proposte concrete o, ancora, di vedere andare male un'audizione su cui contavi.

Tanti artisti hanno abbandonato la carriera perché non riuscivano ad avere continuità, al di là dell'ingaggio del momento.

In questo, la professione del cantante è simile a tutte le altre: se hai un lavoro precario e saltuario, non riesci a fare progetti e organizzare le spese. Non riesci a mantenerti e mantenere una famiglia o un certo tenore di vita.

Per eliminare questo stato d'animo, due sono le strategie da adottare: studiare tanto ed essere "agenti di se stessi", sapersi promuovere, cogliere le occasioni e buttarsi.

"Crederci sempre, arrendersi mai": è questo il motto, breve, conciso, mirato, che mi accompagna da anni.

Ammetto che è anche il titolo del simpatico libro di Simona Ventura; amo leggere biografie o libri che parlano di conduttori televisivi, cantanti, registi per ricavare qualche consiglio utile anche per la mia carriera.

"Crederci sempre, arrendersi mai" è fondamentale: mai perdere la speranza, mai abbattersi, mai pensare di non potercela fare. Questa è la mia filosofia di vita dall'età di otto anni…

IL PRIMO CANTO NON SI SCORDA MAI

Ho iniziato a cantare in un coro all'età di otto anni. Ricordo perfettamente quell'esperienza: una delle prime canzoni che imparai fu "*Perché hai messo il Vangelo in pensione*".

Perché hai messo il Vangelo in pensione
e hai detto una cosa mai vera
la tua vita ha cambiato colore
e il Vangelo non sa più perché...
Caro amico, ti sbagli di grosso
la tua vita è un dono del cielo
se vuoi viver felice...

La ricordo a memoria, sebbene sul palco non l'abbia mai cantata, perché non avevo un microfono come tutti gli altri bambini. Facevo solo numero, messo lì in occasione dello spettacolo di fine estate del centro estivo principalmente per accontentare i miei genitori. Le insegnanti di canto avevano ritenuto infatti che la mia voce non fosse adeguata al genere.

All'epoca rimasi malissimo, ma la cosa buffa è che oggi che sono un cantante professionista, ritengo che la loro opinione fosse corretta. Suppongo che la mia voce di bambino avesse una timbrica strana, con una "erre moscia" ineducata e inadeguata per la vocalità del coro. Amando già il genere classico e sacro, senza l'utilizzo del microfono non riuscivo a equilibrare il volume del mio canto a una realtà corale, che richiede uniformità delle voci. Inoltre, nella mia indole era già presente uno spirito solistico.

Gli animatori mi diedero una seconda *chance* con la recitazione. Mi piaceva studiare il copione per interpretare scenette comiche e iniziai a capire che ero portato per il palcoscenico. Anche l'arte scenografica stuzzicava la mia curiosità, così come tutto ciò che ruotava intorno al "dietro le quinte". Essere ritenuto inadatto al canto mi provocò una brutta sensazione, ma l'ingenuità di bambino non mi permise di capire che era solo una prima porta chiusa, e che in futuro ce ne sarebbero state altre. Ma tante sarebbero state aperte.

Col passare degli anni e con gli studi in Conservatorio ho poi capito che quella voce, soprattutto se microfonata, doveva essere morbida, limpida, che il cantare in un *ensemble* comporta una preparazione e una disciplina che all'età di otto anni ovviamente non avevo. Avermi indirizzato verso la recitazione, all'epoca, fu sicuramente la scelta più opportuna.

Dopo le scuole elementari, l'esperienza con il teatro cessò. Alle medie la mia attenzione fu completamente catturata dalla musica e gli insegnanti iniziarono a credere nelle mie capacità, alimentando la mia passione. Se le ore di italiano erano lunghe e fastidiose come la sabbia nelle scarpe, le ore di musica erano come soffiare sulle candeline della propria torta di compleanno: una grande festa!

Venni da subito inserito nel coro della scuola, ed era una gioia quando, all'improvviso, durante le lezioni di matematica o scienze, il professore di educazione musicale bussava alla porta della classe per chiamarmi per le prove della recita di fine anno! Lettere, chimica e storia non sono mai state il mio punto di forza: poter evadere da quelle lezioni, anche solo per una manciata di minuti, mi dava un senso di libertà, e ancora oggi sono grato per aver saputo scorgere il mio talento e avermi aiutato a svilupparlo.

Ogni due anni incontro i ragazzi delle scuole medie di Castell'Alfero per trasmettere loro la passione per la musica, il teatro e l'opera lirica. Dico a loro di non demordere, di seguire le passioni, di far risaltare i talenti, di non aver paura di uscire dagli schemi. Gli alunni mi ascoltano, a volte attenti, a volte soprappensiero, ma sempre sorridenti. Di quei sorrisi di cui tutti siamo affamati.

BULLISMO ANNI '80

Oggi si chiama "Bullismo", ma negli anni '80?

Abitavo in una piccola frazione, e nella scuola che frequentavo c'erano le pluriclassi. La mia classe, la prima elementare, era legata alla terza.

Delle elementari ricordo i calcoli di matematica con i bottoni che trovavo nell'armadio a muro; i gessetti colorati che arrivavano solo una volta all'anno, a forma quadrata; i bagni con le mattonelle marroni; la piastra elettrica per il caffè delle maestre; il tavolino di vetro con le rotelle per portare il caffè nell'intervallo; i tubi di cemento nel cortile che fungevano da panchina, grigi, nemmeno colorati a dare un segno di vivacità alla scuola.

In quarta elementare il soffitto cadde in prossimità della porta della nostra aula, per cui le lezioni mattutine vennero sospese e venimmo trasferiti per 15 giorni nella scuola del capoluogo, per svolgere le lezioni pomeridiane. Ricordo che era il periodo pasquale, e la maestra della scuola del paese fece un bellissimo disegno di saluti e auguri per noi che proseguivamo le lezioni al pomeriggio.

Poi ricordo: morsi, spintoni e calci, anche quelli provenienti dai mocassini bianchi con i lacci in cuoio, anch'essi bianchi, di un mio compagno, sicuramente acquistati per la prima comunione.

"Bullismo": sentii questa parola per la prima volta cinque anni fa alla radio, ma non diedi troppa importanza all'argomento.

O meglio, non avevo subito afferrato l'importanza che poteva aver avuto tutto questo sulla mia vita di bambino e adolescente.

Il bullismo per me è questo: bambini più deboli nel linguaggio, nel modo di fare, vestiti poco alla moda e protetti da un guscio familiare che non vuole svelare le brutture del mondo esterno.

Finché non vieni catapultato là fuori, per essere deriso dagli altri.

E tu, bambino, entri nell'arena dei leoni e ti devi difendere senza protezioni e senza reti di salvataggio. Devi imparare da solo a difenderti, a non vergognarti se il tuo cappello rosso con il pon-pon gigante è usato come lancio del giavellotto o se indossi il maglione a righe colorate, fatto ai ferri dalla nonna, senza il marchio sportivo con il baffo stampato a caldo. Caldo è solo il cuore di chi l'ha confezionato.

Essendo figlio di salumieri, il mio panino era farcito di svariati etti di prosciutto cotto o infinite fette di salame che strabordavano dalla rosetta di pane e profumavano l'aula. Negli anni '80, con il *boom* delle merendine, eri *leader* se mangiavi un dolce confezionato, per cui era normale che il tuo panino venisse fatto volare con un calcio, o con un colpo magistralmente dato *ad hoc*, per farlo precipitare rovinosamente a terra.

L'unica cosa positiva che ricordo era la campanella delle 12.40, quando potevo correre a casa per vedere "Il pranzo è servito" condotto da Corrado, condito con l'immancabile litigata con mio padre che invece voleva vedere il Tg2. Ancora oggi, a distanza di anni, non guardo il Tg2.

Volevo cambiare scuola e andarmene a Calliano, che dista soli 4 chilometri da Castell'Alfero. La maestra era una mia cugina, Carla Iviglia, figlia del fratello di mio nonno Giovanni. Conoscevo già alcuni bambini che frequentavano quella scuola perché il martedì pomeriggio seguivo con loro un corso di ginnastica a cui mi avevano iscritto i miei genitori per farmi fare attività sportiva.

La scuola si trovava, e si trova tuttora, in piazza davanti all'abitazione di mio zio, dove c'era anche il suo negozio di macelleria. Pieno centro, punto di incontro per bambini, giovani e famiglie.

La realtà della scuola in collina era ben diversa da quella a valle. Con gli amici di Calliano ho brindato alla festa dei 18 anni, ho organizzato le prime vacanze da soli; uno di loro, Sandro, è stato mio compagno di banco per tutti gli anni delle superiori.

Nonostante quegli anni difficili, ho saputo trovare la forza per crescere, crearmi una posizione, e trovare in me un talento da sviluppare che mi ha permesso di girare il mondo e incontrare persone. Non mi sono lasciato schiacciare dal dolore che provavo quando venivo deriso o preso di mira perché la mia passione non era giocare al pallone o guardare il moto GP alla TV. Ho saputo trovare il coraggio di venire fuori, andare avanti, emergere anche quando ero additato come uno “diverso”. Spesso di fronte a un pubblico entusiasta per la mia *performance* penso a tutti quelli che mi hanno schernito: non avete vinto voi e non ha vinto il bullismo.

LE SCUOLE E LA SCOPERTA DELLA MUSICA

A Castell'Alfero Paese ho frequentato le scuole medie. Di lì a poco sarebbe stata inaugurata la nuova sede a Castell'Alfero Stazione, proprio davanti a casa mia. L'edificio è intitolato al martire Giovanni Battista De Rolandis, nato a Castell'Alfero e ideatore del tricolore.

Non sono mai stato bocciato, ma non ho mai particolarmente brillato: i miei voti non superavano la media del sei e mezzo. Andavo piuttosto male in Italiano e Storia. Non riuscivo ad appassionarmi a queste materie; i verbi, la sintassi, la letteratura, la storia, non facevano per me. Non mi coinvolgeva particolarmente nemmeno la storia delle guerre mondiali che mio nonno, ex partigiano, veniva a raccontare a noi alunni, grazie all'intelligente coinvolgimento della Prof.ssa Rossana Peresson, docente di matematica, ma attenta alla storia della nostra Italia da tramandare agli alunni attraverso vive testimonianze.

Ricordo la mia aula in prima media, accessibile con la scala antincendio, passando davanti allo sgabuzzino dove era situata la fotocopiatrice. Era piuttosto buia, poiché la luce proveniva da una sola finestra.

Una volta a settimana avevo il permesso da mia madre di comprare 500 lire di pizza rossa nel panificio accanto alla scuola, mentre i restanti giorni gustavo gli enormi panini che mi farciva con molti etti di affettati del nostro negozio.

Scoprii presto che la mia materia preferita era Educazione musicale.

Il mio primo professore fu il maestro Giampaolo Sobrino e capii subito che il ritmo, le note, il canto, erano scritti nel mio DNA. Successivamente arrivò Paolo Meda, musicista, ancora oggi insegnante nella stessa scuola.

Anche il Disegno tecnico mi appassionava, nonostante il laboratorio fosse in un'aula/cantina umida, assolutamente inadatta allo svolgimento delle lezioni e rischiosa in caso di incendio o terremoto, tanto che, con le nuove normative sulla sicurezza, venne dichiarata inagibile.

Di mio interesse anche il Francese, simile nella pronuncia al piemontese. Grazie a queste tre discipline, la mia media si equilibrava nella pagella finale.

Unico rammarico è quello di non aver studiato Inglese, ma la sezione che frequentavo, la "C", prevedeva il Francese. Eravamo appena ragazzini, ma ci sentivamo già grandi; la mia fantasia galoppava e mi portava a pensare di essere uno dei protagonisti del telefilm "*I ragazzi della 3° C*".

Probabilmente, già al termine delle medie avrei dovuto riflettere maggiormente su un percorso di studi superiori in campo artistico, ma mi lasciai condizionare troppo dai consigli approssimativi dei miei insegnanti che nel giudizio si fermarono solo ai miei voti non particolarmente brillanti. Non avevano compreso che quella per la musica e l'arte non era solo una velleità giovanile, ma una vera e propria passione, il lato più caratteristico di me, distintivo di quello che sarei stato in futuro.

Nonostante il "fallimento" canoro all'età di 10 anni, il canto continuò ad attrarmi fortemente. Andavo a messa tutte le domeniche con mio nonno Camillo e ci mettevamo a sedere nei banchi in fondo alla chiesa, rigorosamente a destra, perché a sinistra pregavano le signore. In occasione delle festività più solenni ascoltavo rapito i canti polifonici eseguiti dal coro parrocchiale a quattro voci, ancor più fascinosi quelli in latino come il "*Kyrie eleison*" tratto dalla "*Messa cantata*" di *Lorenzo Perosi*. La timbrica impostata dei quattro registri vocali, l'accompagnamento dell'organo, l'acustica della chiesa che crea riverbero, richiamavano sempre di più la mia attenzione, facendo nascere in me una nuova passione. A casa facevo letteralmente i capricci perché a tutti i costi volevo andare a cantare nel coro parrocchiale e mi lanciavo in varie interpretazioni della melodia "*Kyrie, Christe, Kyrie*".

Così, nella primavera del 1993, all'età di appena quattordici anni, entrai a far parte del coro parrocchiale di Castell'Alfero.

La mia voce era ancora bianca, timbro femminile, un falsetto; non avevo ancora vissuto il cambiamento di voce che subiscono tutti i ragazzi in età adolescenziale, la così detta "muta", per cui il maestro mi mise nella sezione contralti perché potesse fondersi meglio con le altre. Avevo però un obiettivo: Papa Giovanni Paolo II sarebbe venuto in visita ad Asti il 26 settembre successivo e tutti i cori della Diocesi avrebbero formato un *ensemble* per accompagnare la liturgia del Santo Padre nella celebrazione in Piazza Campo del Palio. Volevo assolutamente esserci.

Purtroppo, al momento di prepararsi musicalmente per la celebrazione solenne, fui escluso dalla formazione del grande coro, forse per il settore in cui cantavo, quello femminile, forse per la mia età di poco più che bambino, forse più semplicemente perché non ero pronto musicalmente. Insomma, vidi il mio sogno infrangersi.

Dopo alcuni mesi, uscì una musicassetta con incisi tutti i brani eseguiti durante la messa, con alcuni interventi del Papa.

Sul libretto a corollario del cofanetto, l'elenco di centinaia di coristi suddivisi per voci. Ho consumato quel nastro ascoltandolo nel registratore, e sulla *brochure*, a biro, scrissi: Enrico Iviglia, contralto.

Quel giorno di settembre il tempo era uggioso, la pioggia sarebbe scoppiata nel pomeriggio e il Santo Padre salutò tutti dicendo: "Il tempo è stato quel che è stato, grazie a Dio. Auguro a tutti tempi sempre felici". E i miei tempi felici arrivarono.

Con il cambiamento di voce passai dalla sezione contralti a quella dei tenori; mi ritagliai sempre più spazio, iniziai a eseguire brani da solista ed ebbi modo di educare la mia voce immatura e inesperta. Continuai a cantare nel coro parrocchiale di Castell'Alfero per molti anni, e invitai anche mio nonno a prenderne parte perché la sezione dei bassi era scarna; potei così condividere con lui tante prove ed esibizioni.

Terminate le scuole medie mi assalì l'indecisione su quale scuola superiore frequentare.

Le insegnanti consigliarono un percorso professionale, escludendo completamente l'arte e il disegno così come l'ambito prettamente letterario o scientifico.

Mia madre cercò di darmi qualche consiglio informandosi sulle scuole presenti ad Asti e la ringrazio immensamente per la scelta fatta: mi iscrisse all'Istituto Tecnico e per Geometri "Alessandro Manzoni", parificato e a pagamento, che mi permise di colmare tutte le lacune, specialmente in italiano, e capire, insieme a bravissimi insegnanti, che il percorso che stavo facendo era corretto e poteva anche andare di pari passo con l'attività artistica.

Ho avuto il privilegio di essere inserito in una classe con pochi alunni, dove gli insegnanti potevano seguirci con maggiore attenzione.

Ringrazio ancora la mia Prof.ssa di Italiano, la signora Elisabetta De Leonardis, che ha saputo catturare la mia attenzione sulla letteratura classica, capendo le mie debolezze e preparandomi, anche attraverso corsi di recupero pomeridiani, sui verbi, sulle forme grammaticali, sulla stesura di un tema, migliorando le mie capacità letterarie e insegnandomi a leggere un testo con i toni e gli accenti giusti, a seconda del racconto che avevo di fronte: ancora oggi trovo beneficio nel mio lavoro grazie ai suoi insegnamenti.

Gli studi intrapresi alle superiori furono per me appropriati e utilissimi, sia dal punto di vista umano, sia dal punto di vista professionale: sembrerà strano, ma il disegno tecnico ha numerosi parallelismi con la musica. Il rigore e la precisione dei calcoli si avvicinano molto al rigore e alla metrica del tempo in 4/4 e ho trovato beneficio nella mia professione di tenore, soprattutto nella realizzazione di opere rossiniane, regolari, metricamente precise, proprio come un calcolo matematico.

Inoltre, aver scelto geometra poteva rappresentare una buona base di partenza per un futuro percorso universitario in Architettura.

In IV e V superiore si era formata una bellissima classe, eravamo molto uniti. Ricordo benissimo le due gite scolastiche, in quarta a Rimini-Riccione-Faenza, e in quinta, anno del diploma, a Jesolo-Venezia. Era il 1997. Inviai una cartolina da Venezia a mio nonno Camillo, e tra le tante illustrazioni non scelsi il ponte di Rialto, piazza San Marco o una vista sul Canal Grande. Spedii una cartolina raffigurante l'interno del Teatro La Fenice; era l'anno successivo al terribile incendio. Forse un presagio di quello che sarebbe stato il mio futuro? Custodisco ancora questa cartolina tra i miei ricordi più cari.

Per 5 anni sono stato compagno di banco di Sandro, che continua ad essere uno dei miei più cari amici. A volte capita di incontrare i miei vecchi compagni, dal vivo o su Facebook. Tutti ricordano la mia vivacità, ma soprattutto la mia voglia di cantare.

Li penso con molta gioia e sono loro grato per avermi fatto trascorrere cinque anni bellissimi. Credo, in fondo, che ognuno di essi sia un artista e sia stato in grado di "esprimere la propria arte" in percorsi diversi: chi nella famiglia, chi nell'allevamento di cani di razza, chi in altre professioni.

Purtroppo, ben tre miei ex compagni hanno percorso strade diverse, verso il cielo, strappati troppo giovani a una vita ancor poco vissuta. Con tristezza ricordo l'intelligenza infinita e la passione per l'Inter del caro Savio, così come il look sempre sportivo e lo scooter di Manuel o gli inviti di Claudio nella sua casa con piscina. Raramente riguardo le foto delle superiori: il ricordo di quegli anni è tanto vivo e bello che non necessita di aiuti alla memoria.

L'unico rimpianto è che anche qui si studiava la lingua francese, e solo all'università ho compreso pienamente l'importanza dell'inglese, soprattutto per chi decide di intraprendere un lavoro che porta a viaggiare spesso e incontrare persone di tutte le nazionalità.

I miei studi scolastici sono sempre proceduti di pari passo con quelli canori.

Cantare nel coro parrocchiale del mio paese mi piaceva, ma fin da molto giovane ho sempre mirato in alto: volevo qualcosa di più.

Ad Asti esisteva, ed esiste tuttora, il coro della Collegiata di San Secondo, composto da musicisti, appassionati e persone che hanno studiato canto, che realizzava concerti in tutto il Piemonte e a Natale si esibiva in uno dei concerti con orchestra più importanti del territorio: volevo entrare a farne parte.

Il mio primo contatto fu Bruno Graziano, bancario che lavorava nella filiale accanto casa mia e membro del coro. Graziano consigliò di attendere qualche settimana perché il coro di San Secondo stava vivendo un momento delicato: un gruppo di cantanti stava formando una nuova realtà. Dopo dieci giorni, Bruno mi invitò a partecipare alle prove del nuovo coro, ad Asti, nella chiesa di San Martino. Mi accompagnò mio padre e mi attese fino al termine delle prove. Ricordo ancora com'ero vestito: pantaloni Levis marroni felpati comprati in via Cavour ad Asti, un po' corti perché la sarta aveva tagliato troppo l'orlo, camicia bianca e giubbotto di pelle Schoot.

Ritornai a casa felicissimo. Provammo l'"*Ave Verum*" di *Mozart*, un brano che avevo già studiato nel coro di Castell'Alfero con la maestra Oriana Cavazza, e durante le prove i coristi veterani rimasero stupiti: non si capacitavano di come un adolescente potesse conoscere questo pezzo. Inoltre, la formazione corale era giovane, entusiasta, aveva voglia di divertirsi, anche sfruttando il calciobalilla nella sala accanto a quella delle prove. Venne indetto un referendum interno al coro per scegliere il nome; da lì in poi saremmo stati il "*Coro Polifonico Astense*". Con loro cantai per nove lunghi anni nella sezione dei tenori e fu una delle esperienze più belle, di grande crescita professionale e personale. Ero un ragazzino quando iniziai e imparai subito a essere indipendente. Ogni lunedì andavo ad Asti con la littorina, il treno a gasolio che passava da Castell'Alfero alle 20:24, e trovavo ad attendermi in stazione Alessandra e Laura che mi accompagnavano alle prove. Alle 23:15 Michela mi portava a Portacomaro dove mio padre mi attendeva dopo aver trascorso la serata alla *Società Reduci e Combattenti* giocando a "Scala 40". Questo fino a quando non presi la patente.

Nel coro trovai prima di tutto degli amici; molti di loro mi seguono ancora adesso. Il primo che comprese il mio estro artistico fu il basso Walter Pastrone.

Gli altri mi vedevano esuberante, pieno di energie e fuori da certi schemi; Walter, una manciata di anni in più di me, diplomato in canto, capì subito che avevo del potenziale da sfruttare per scrollarmi di dosso l'etichetta da corista. Fu lui a consigliarmi di iscrivermi all'esame di ammissione alla classe di Canto lirico del Conservatorio "*Giuseppe Verdi*" di Torino. Ogni sabato pomeriggio, nella sua Revignano (AT), facevamo lezioni di canto in vista del test di ingresso, studiando arie tratte dal volume Vaccaj. La prova prevedeva l'esecuzione di due arie: scelsi "*Lascia il lido il mare infido*" per esibirmi in note legate e tenute, e il brano "*Come il candore*" per dimostrare di avere le agilità. Le due classi di canto del Conservatorio mettevano a disposizione per il nuovo anno 5 posti in tutto. Eravamo in 30 all'esame di ammissione e arrivai quinto, aggiudicandomi l'ultimo posto disponibile! Dei miei quattro compagni di corso non ho più notizie: chi si è perso durante il percorso di studi, chi ha continuato in un altro campo.

Non sempre le luci della ribalta si accendono così facilmente.

Nel 2016 sono tornato a cantare con il CPA (questa era la sigla del *Coro Polifonico Astense*) in occasione del ventennale di fondazione, per uno straordinario concerto di Natale, circondato da un affetto incredibile. Con loro sono cresciuto e maturato, ma soprattutto ho sviluppato l'orecchio e la grande capacità di saper armonizzare i suoni senza lasciarsi distrarre dalle voci che cantano melodie polifoniche diverse, cosa che mi è servita poi nell'esecuzione lirica in quartetti o brani d'insieme.

Terminai l'esame di maturità il 7 luglio 1997. Andai malissimo sul tema, un vero disastro; per fortuna rimediai con la prova tecnica e con l'esame orale che superai brillantemente. Ero il quinto della mattina e sicuramente i professori avevano voglia di terminare la sessione: conclusi la maturità con un 48/60.

Ero soddisfatto: era sempre stata la mia media.

Se per la scelta dopo le scuole medie erano intervenuti i miei genitori, sul percorso universitario presi da solo la mia decisione, confrontandomi con compagni più grandi e amici già in corso. Optai per il Politecnico di Torino.

Mi spaventava il corso completo di 5 anni, quindi iniziai a chiedere informazioni sul diploma universitario. Due gli indirizzi generali, Ingegneria e Architettura; infiniti i corsi e le ramificazioni: la confusione regnava sovrana. Alla fine, scelsi Architettura a indirizzo costruzioni, perché era quello che si avvicinava di più al percorso da cui provenivo; una laurea breve che arricchiva il mio diploma da geometra e dava la possibilità di firmare progetti e occuparmi della sicurezza nei cantieri di lavoro. In realtà dopo alcuni mesi capii che forse mi sarebbe piaciuto di più l'indirizzo Gestionale, poiché avrei potuto dare maggiormente sfogo alla mia fantasia e al mio estro artistico, ma decisi di proseguire con Costruzioni.

A partire dal secondo anno, parallelamente agli studi in Architettura, iniziai a frequentare il corso di Canto lirico in Conservatorio, sempre a Torino, con lezioni che si dividevano tra la sede centrale di piazza Bodoni (canto) e la sede distaccata in via Bidone (solfeggio e pianoforte), con annessi i locali della biblioteca per lo studio individuale e la consultazione di spartiti.

Inizialmente viaggiavo: ogni giorno prendevo il treno ad Asti, direzione Torino Porta Nuova, per seguire le lezioni universitarie e quelle del Conservatorio. Vivevo e studiavo a casa di mio nonno Camillo, complice delle mie scelte artistiche, allora unico sostenitore all'interno della mia famiglia del mio percorso canoro, nonché grande cuoco. I miei genitori non sapevano della mia iscrizione al Conservatorio: non condividevano questa mia passione e scelta, soprattutto mio padre.

L'anno successivo presi casa a Torino. O meglio, affittai un posto letto in una camera doppia in via Giolitti, a metà strada tra il Politecnico e il Conservatorio. Tutti i miei compagni di corso erano ormai sistemati con altri colleghi o con le fidanzate; io non riuscivo a trovare un compagno, né per fare i lavori di gruppo al Politecnico, né per trovare casa.

La mia prima casa a Torino fu una delle scelte peggiori della mia vita. Eravamo in cinque, disorganizzati nella gestione delle spese comuni; tutti fumavano e il viavai di giorno e di notte era continuo. L'ho usata solamente come punto di appoggio; era comoda perché potevo sollevarmi dalle levatacce mattutine, soprattutto per i corsi che iniziavano alle 8.30.

Il lunedì era la giornata peggiore. Alle 8.30 avevo 4 ore di Analisi 1 al Politecnico; poi mangiavo un panino sul tram 16 e fuggivo in via Bidone per il primo corso di solfeggio con il maestro Luigi Donorà. Alle 16 mi recavo in sede centrale per la lezione di Canto. Il martedì avevo lezione di pianoforte e altri corsi al Politecnico, che per fortuna erano solo nella sede di via Boggio, ora chiamata via Paolo Borsellino.

Un anno dovetti fermarmi anche il sabato mattina per il corso di informatica: esame impossibile per me, piuttosto incapace in questo settore.

Conseguito il diploma universitario, decisi di proseguire gli studi di Architettura, senza tener conto che, dopo il terzo anno, il Conservatorio diventava molto intenso: più ore, frequenze obbligatorie e maggior studio. Letteratura poetica e drammatica, Armonia, Canto, Arte Scenica, Pianoforte, Storia della musica; le cose stavano diventando impossibili da gestire.

Un enorme ostacolo da superare fu per me l'esame di inglese, che riuscii a sostenere dopo molti corsi, studi e un mese a Canterbury, presso una famiglia molto severa: due persone anziane che, oltre a mettermi sotto con lo studio, mi tenevano anche a dieta. Lui, cuoco in un ristorante, ben poco attivo sui fornelli casalinghi; lei, docente inglese, severa, acida, poco affabile e maleducata: è riuscita a farmi odiare ancor di più la lingua inglese.

Ricordo le infinite lezioni mattutine; unici momenti di svago, una gita a Londra dove visitai l'Hard Rock Cafè e un meraviglioso concerto nella basilica di Canterbury per ascoltare la Messa in DO minore KV 427 di *Mozart*.

IL CONSERVATORIO

L'ultimo anno accademico in Conservatorio iniziò, come sempre, la prima settimana di novembre. Era il 2003 ed ero un ripetente perché non ero riuscito a superare l'ultimo esame di Pianoforte complementare, né nella sessione estiva, né in quella autunnale.

Iniziai a studiare pianoforte a 19 anni durante il primo anno di Conservatorio; prima di allora non avevo mai messo mani sulla tastiera. Sarà stato per colpa delle mie dita che non volevano saperne di sciogliersi e fare il terzo/quinto giro sui tasti, sarà che è più difficile appassionarsi a qualcosa di nuovo per una persona adulta, soprattutto se sei obbligato a farlo, sarà che l'insegnate non riusciva a coinvolgermi pienamente e portarmi ad amare lo strumento; insomma, io l'esame di pianoforte non riuscivo proprio a superarlo. Durante l'estate presi anche lezioni private dalla maestra Paola Rivetti di Asti, diplomata in Pianoforte e insegnante di Educazione musicale; ma le difficoltà sembravano insormontabili e, nonostante la bravura e la pazienza dell'insegnante, non si ottennero risultati soddisfacenti. Ero rassegnato.

Dovetti ripetere il V anno, con una forzatura in mio favore da parte della mia insegnante di canto, la prof.ssa Silvana Moyso, che convinse il direttore dell'Istituto a non espellermi. La regola infatti era che chi non superava nelle sessioni dell'ultimo anno un esame complementare, doveva essere messo alla porta. L'unica consolazione era che la stessa disavventura era capitata a *Giuseppe Verdi*.

Dovetti ripetere l'anno, e questo rallentamento nel mio percorso mi fece riflettere molto sull'importanza dello studio, della preparazione, del saper affrontare le difficoltà che immancabilmente si presentano sul cammino. Invece di arrabbiarmi, scelsi di impegnarmi ancora di più, sia nel pianoforte che nel canto, per dimostrare al direttore, che voleva espellermi a tutti i costi, che la mia determinazione era ben più forte e non avrei permesso a nessun intoppo di frapporsi tra me e l'obiettivo che volevo raggiungere: il diploma in Canto lirico. L'esame di pianoforte lo superai felicemente nella sessione di febbraio del 2004. La mia gioia, e anche quella della mia insegnate, la Maestra Vittoria Mazzola, fu immensa.

Mi diplomai in Canto lirico il 19 luglio 2004: nessuno della mia famiglia venne alla cerimonia del diploma. Solo mia mamma mi raggiunse in treno, al pomeriggio.

Mi accompagnò Beppe, un mio amico di Guarene, in auto. Ero piuttosto teso, parlavo poco; non ricordo se facesse caldo, ma ricordo che sulla tangenziale incrociammo la famiglia della Contessa del Castello di Guarene.

In generale, ho pochi ricordi di quel giorno.

Cantai l'aria d'opera "*Ecco ridente in cielo*", diventato successivamente il pezzo che ho eseguito maggiormente, in concerto o in audizione. Come brano moderno eseguii "*Pastori*" di *Ildebrando Pizzetti*, su poesia di *Gabriele D'Annunzio.*

Superai brillantemente la prova delle tre ore, che consisteva nell'apprendimento di un'aria chiuso da solo in un'aula e, solo al termine della prova, con l'aiuto del pianista. Mi assegnarono il brano "*Linda si ritirò*" dalla "*Linda di Chamounix*" di *Donizetti.* Uscii dal Conservatorio con il massimo dei voti: ero felicissimo.

Organizzai una grande festa all'aperto, nel cortile della casa di mio nonno, grazie all'aiuto della Pro Loco di Castell'Alfero, e ancora oggi penso che l'esame di pianoforte sia stato perfettamente inutile.

DISEGNO CON LA MUSICA

Spesso mi chiedo come sia riuscito a intraprendere il mio percorso artistico, non essendo figlio d'arte e non avendo avuto fin dall'inizio una guida professionale. Forse fu grazie alla mia grande determinazione nel raggiungere quello che mi ero prefissato, al mio modo di applicarmi al massimo, di studiare con metodo e assiduità. Ci sono stati momenti difficili, ci sono tuttora lacune nella mia preparazione che cerco di colmare continuando a studiare con Maestri importanti, ma devo anche ammettere che sono sempre stato accompagnato da una buona dose di fortuna. Del resto, si dice che la fortuna aiuti gli audaci. Io, audace, lo sono stato e lo sono ancora oggi. Mi sono sempre fatto trovare pronto alla stazione, in attesa di quel famoso treno che passa e che mai e poi mai avrei perso.

Se il canto è sempre stato il mio primo obiettivo, non ho mancato di coltivare gli studi tecnici, in modo da tenermi aperta una seconda strada, se quella della Lirica ad un certo punto mi avesse messo davanti troppi ostacoli. Ma probabilmente la musica era proprio nel mio destino e lo capii ancor meglio in occasione dell'esame di stato per l'abilitazione alla firma della libera professione di geometra.

Dopo 2 anni di praticantato presso lo studio di un geometra, ho voluto infatti sostenere l'esame di stato. Mi preparai moltissimo, grazie anche all'aiuto di amici e colleghi geometri.

L'esame era così composto: una prova pratica di disegno tecnico, una prova scritta su argomenti a scelta tra le materie di Topografia o Estimo e la prova orale. L'esito positivo della prima prova dava la possibilità di passare alla seconda e il superamento della seconda dava l'accesso all'orale; diversamente, sarebbe stato necessario ripresentarsi l'anno successivo per ridare tutto l'esame.

Quindi, ad esempio, se avessi superato la prima e la seconda prova, ma non l'orale, avrei dovuto ripetere tutto l'esame, ricominciando dalla prima prova. La tensione era alle stelle.

Lo scoglio principale era rappresentato dalla prova tecnica di disegno, un'incognita fino all'apertura della busta.

L'appello d'esame si svolse ad Asti presso l'Istituto Tecnico "Giobert", la scuola statale parallela alla mia scuola privata. L'ambiente era nuovo per me, e la sensazione era quella che ancora oggi provo quando salgo su un palcoscenico per un'audizione: la giuria davanti a me, alle spalle il muro.

All'apertura della busta, non riuscivo a credere ai miei occhi, o meglio alle mie orecchie.

"Disegnare un locale polifunzionale per l'ascolto di musica da camera per ospitare 75 persone sedute, con la possibilità di un ampliamento tramite muri mobili, per un totale di 150 persone. Inoltre, creare una fonoteca per l'ascolto di musica".

Quante probabilità avevo che la richiesta dell'esame, uguale in tutta Italia da Trieste in giù, potesse riguardare il Teatro? Praticamente nessuna. E invece il destino volle che chi scrisse quel testo di esame tecnico avesse sicuramente una sensibilità musicale e una approfondita competenza nel settore e volesse mettere alla prova in questo senso i geometri del 2000.

La mia grande conoscenza, per ovvi motivi, della realtà musicale mi fece realizzare il progetto nel dettaglio, senza tralasciare finezze di non poco conto. Ad esempio, previdi la diffusione del riscaldamento sotto le poltrone della sala, sottolineando nella leggenda che il rumore di fuoriuscita dell'aria non dovesse superare un determinato schema di decibel in modo tale da non distogliere l'attenzione dalla musica, considerato che in quel locale erano attesi concerti di musica da camera, ovvero con un numero ridotto di musicisti. Inoltre, nel tema d'esame non era richiesto un magazzino per custodire vinili e CD, però era logico immaginarlo, anche perché frequentavo da anni la biblioteca musicale "*Andrea Della Corte*" di Torino, dove erano installate cabine singole in *plexiglass* per l'ascolto di vinili e, nel retro delle sale uditive, il deposito. Bisogna ammettere che questo è stato un gran colpo di fortuna che mi ha permesso di superare brillantemente l'esame per l'abilitazione alla prima sessione.

Un altro incontro con la Dea Bendata lo ebbi al ritorno da un viaggio a Venezia, nel maggio 2008. Ero appena stato ingaggiato per il ruolo di "*Monostato*" nel "*Flauto Magico*", in lingua tedesca. In preda al panico poiché non sapevo come fare a imparare un'opera in una lingua sconosciuta e complessa, mi accorsi che proprio vicino a me, sul treno, viaggiava casualmente una gentile professoressa di tedesco, che mi aiutò sia nella traduzione che nella pronuncia delle parti del ruolo.

La fortuna non è tutto, ma di certo male non fa!

CORO MAGHINI

Provengo da un paesino sperduto nelle campagne astigiane; ho dovuto "inventarmi" il mio percorso e capire da solo come funzionasse il mestiere del cantante lirico, chiedendo a compagni di Conservatorio più "esperti" e colleghi con carriere già avviate.

Non avevo, per esempio, la minima idea di quale fosse il meccanismo di gestione di un artista solista all'interno di un teatro. Così, seguendo i consigli di amici più "inseriti" di me, nel 2002 decisi di iscrivermi alle audizioni per il coro "*Rai-Maghini*" di Torino. Una realtà importante per il capoluogo, ma non solo. Diretto dal maestro Claudio Chiavazza, è un coro composto da professionisti. Devo molto al maestro Chiavazza: ancora oggi utilizzo una sua tecnica utile alla precisione e all'intonazione delle note. Claudio Chiavazza ricordo che era un uomo molto esigente e con il tempo ho capito il motivo della sua severità: solo con il suo rigore e la fermezza poteva ottenere un risultato perfetto.

Con l'audizione ottenni il posto nel settore tenori: avevo 24 anni, non ero ancora diplomato in canto, ma ero automunito e da Asti potevo raggiungere facilmente Torino. Iniziai così a farmi un po' di esperienza e soprattutto a guadagnare qualcosa per pagarmi gli studi. Con il *Coro Maghini* feci due produzioni: la "*IX Sinfonia*" di *Beethoven* e "*Passione San Matteo*" di *Bach*. Ma soprattutto conobbi tantissime persone: una folla di gente che cantava. Saremo stati cento o forse più, la maggior parte piemontesi, ma molti anche dalla Valle d'Aosta, Liguria e Lombardia. Avevamo un *cachet* che per me sembrava oro. Alcuni vedevano nel coro la sicurezza del "posto fisso", una sorta di secondo lavoro per esaltare la propria passione; i più giovani come me lo concepivamo come un punto di partenza per inserirsi nell'ambiente e capire come funzionasse il mestiere.

Feci anche una successiva audizione per le parti solistiche, per le occasioni in cui il coro eseguiva concerti minori, senza orchestra o grandi nomi alla direzione, ma non ebbe esito positivo.

Ricordo di un bellissimo e applaudito concerto realizzato nella sala grande dell'auditorium del Lingotto di Torino. In quell'occasione dimenticai lo *smoking* a casa. Mia mamma Renata, che ancora ringrazio, letteralmente volò con l'auto da Castell'Alfero a Torino per portami l'abito. Arrivò trenta minuti prima dell'inizio del concerto.

Capii presto, però, che la realtà corale mi stava stretta, anche perché il concetto musicale di coro comporta l'amalgama di tante voci della stessa corda per rendere il suono omogeneo. Ma chi studiava seriamente come solista doveva frenare il picco di suono per ottenere un volume più equilibrato, come chiedeva il caro maestro Chiavazza. Tutto ciò si scontrava con la mia indole solista.

Così, quando una mia carissima amica, compagna di Conservatorio e collega del *Coro Maghini,* mi consigliò di iscrivermi alle audizioni dell'Accademia Rossiniana a Pesaro per tentare l'audizione con il famoso maestro Alberto Zedda, non me lo feci ripetere due volte e inoltrai la domanda.

IL 17 NOVEMBRE

Mio nonno si chiama Camillo Pippione ed è mancato nel 2003.

Lunedì 17 novembre è il giorno in cui è passato dalla vita terrena alla vita in cielo. O meglio: è passato dal vedermi occhi negli occhi al guardarmi dall'alto, proteggendomi e sostenendomi sempre.

Non dirò mai "E' passato a miglior vita". Perché mio nonno amava stare qui, sulla terra, e in questo sono uguale a lui.

Mio nonno è stato fondamentale per me e non posso non raccontare di lui, di chi fosse, di cosa abbia significato.

Prova del fortissimo legame che ci univa, la sua presenza si fa sentire ancora oggi, soprattutto in occasione del suo anniversario di morte. È un po' come il miracolo di San Gennaro, che ogni anno si manifesta con il misterioso prodigio della liquefazione del suo sangue.

Mio nonno mi ha sempre sostenuto nel mio percorso musicale, sia in modo "pratico", attraverso mance per acquistare libri, biglietti del treno o pagare le tasse universitarie, sia soprattutto emotivamente, come un padre: era l'unico ad essere a conoscenza della mia iscrizione al corso di studi in Canto lirico presso il Conservatorio "*Giuseppe Verdi*" di Torino, consapevole della mia volontà di intraprendere questa strada, parallelamente a quella universitaria.

La notizia dell'improvvisa scomparsa di mio nonno la ricevetti alle 15:15 di quel lontano lunedì. Qualche ora prima telefonai a casa sua, ma non rispose. Spesso usciva anche solo per prendere un caffè dalla vicina o per un giro al supermercato, una visita al Campo Santo dalla nonna Giuliana. Insomma, era normale non trovare risposta dall'altra parte della cornetta.

Ero a Torino, nell'aula 18 al secondo piano del palazzo di piazza Bodoni per la mia consueta lezione di canto. Il telefono era in modalità silenzioso, le indicazioni della mia insegnante mi assorbivano totalmente. Ad un certo punto buttai lo sguardo sul vecchio cellulare Motorola e vidi una chiamata senza risposta proveniente da casa mio nonno. Nella prima pausa disponibile richiamai e dissi:

"Ciao Nonno, dimmi!?"

"Sono la mamma, il nonno è volato in paradiso"

Mio nonno era colui che mi aiutava facendomi il nodo alla cravatta prima dei concerti, mi ha comprato la prima tastiera elettronica e ha sovvenzionato parte dell'acquisto del mio primo pianoforte Yamaha U1, acquistato a rate e pagato in due anni.

È stato mio nonno, soprattutto, che mi ha trasmesso l'armonia della parola cantata; suonava la fisarmonica e volevo a tutti i costi che entrasse a fare parte del coro della parrocchia nella sezione dei bassi. Continuava a dirmi di no e, per tutta risposta, misi in giro per casa decine di foglietti su cui avevo scritto buone motivazioni per far musica insieme. Ovunque, nei posti più impensati: dalla zuccheriera alla scatola delle pastiglie effervescenti per la dentiera!

Con nonno Camillo duettai in occasione di uno spettacolo per beneficenza organizzato nel nostro paese. Cantammo "Madonnina dai riccioli d'oro": era emozionatissimo, aveva la voce dura, ma capivo che era felice e orgoglioso. E io con lui.

Mi manca moltissimo, ma il suo profumo pervade la mia mente e la gioia di vivere che mi ha trasmesso rimarrà dentro di me e nessuno potrà oscurarla.

DA CORISTA A SOLISTA

Il 17 novembre di ogni anno, o comunque intorno a quella data, accade qualcosa di magico per la mia professione.

Il 18 novembre 2004, ad un anno esatto dalla sua scomparsa, è accaduto un fatto straordinario che ha segnato la mia professione, richiamando su di me l'attenzione delle direzioni artistiche dei teatri, degli agenti, dandomi nuove motivazioni per intraprendere una carriera in questo campo.

Terminati gli studi in Conservatorio, iniziai la mia "gavetta" all'interno del coro As.Li.Co., per inserirmi nel mondo artistico e iniziare a capire come funzionasse la realtà del Teatro, guadagnando anche qualche spicciolo, per poi entrare in un giro che mi permettesse di lavorare su un palcoscenico.

Solo con il tempo ho capito la differenza tra essere un corista ed essere un solista: il solista è gestito da un *manager* che propone diverse produzioni all'interno di enti lirici, nazionali o internazionali; ha partita Iva e fa una vita in solitudine. Il corista è assunto da un ente, è un grande lavoratore, interpreta Opere che a volte possono non essere adatte alla sua vocalità, fa orari stabiliti dal teatro e ha diritto alla mutua e alle ferie.

Raggiungere e conquistare un posto nella sessione dei tenori all'interno del coro As.Li.Co. negli anni 2003 e 2004 è stato per me importantissimo e ringrazio ancora oggi il maestro Alfonso Caiani che mi ha spronato molto, portandomi a eseguire alcune piccole parti all'interno delle Opere realizzate in stagione nei teatri del circuito lombardo. Nel 2003, non ancora diplomato, interpretai il ruolo del Troiano nell'opera "*Idomeneo*" di *Wolfgang Amadeus Mozart*, con la regia di Pier Luigi Pizzi e la direzione di Carlo Mazza.

All'epoca, dopo il diploma in Conservatorio, i miei studi solistici continuavano privatamente con il maestro Sherman Lowe e durante le pause o prima delle prove del coro As.Li.Co. era abitudine prepararsi nelle sale messe a disposizione in teatro. Un direttore di scena, di cui purtroppo non ricordo il nome, sentì l'eco della famosa aria "*Una furtiva lagrima*" rimbombare in un salone. Entrò, si accertò sulle mie generalità e su quelle di colui che mi accompagnava al pianoforte, dopodiché richiuse la porta senza dare troppe spiegazioni.

Due giorni dopo, proprio venerdì 18 novembre, al Teatro Grande di Brescia andò in scena "*L'Elisir d'amore*", opera di *Gaetano Donizetti*, con un cast di giovani promettenti.

Ad un certo punto della recita, il tenore protagonista nel ruolo di Nemorino si sentì male e il direttore di palco, proprio il signore che pochi giorni prima aveva sbirciato nella sala in cui stavo provando, propose alla direzione artistica e ai dirigenti della società As.Li.Co. di far continuare l'opera a me. Vennero nel camerone del coro, mi chiamarono e mi chiesero se fossi intenzionato a proseguire. Io, un po' ingenuamente, senza sapere cosa mi stesse aspettando, risposi: "SI!".

Chiesi solamente se fosse possibile togliere i baffi finti perché mi provocavano un prurito insopportabile sul lato superiore della bocca, sotto le narici. La regia era di Filippo Crivelli e la direzione d'orchestra di Pietro Mianiti, il quale volle vedermi nell'intervallo nel suo camerino per provare la celebre aria "*Una furtiva lagrima*" a cappella, senza l'accompagnamento di nessun strumento.

Sul secondo atto, arrivati nel punto musicale dell'aria, entrai in scena e, con quella disinvoltura e ingenuità tipiche dei giovani, eseguii l'aria. Al termine ci fu un'inaspettata approvazione da parte del pubblico. Quasi non capivo cosa stesse accadendo, ma ringrazio ancora oggi l'indisposizione del primo tenore che ha fatto sì che la mia vita cambiasse e che l'attenzione di tante persone che prima si rivolgevano a me come un corista all'interno di un gruppo, ora si fermasse su di me come artista solista. Avevo un parrucchiere personale, un truccatore, un costumista.

Sono certo che questo è stato il primo segno della permanenza costante al mio fianco da parte di mio nonno Camillo.

L'anno successivo, il 18 novembre 2005, in prima serata su Rai Uno è stato trasmesso da Sanremo il concerto tratto dall'opera "*Il barbiere di Siviglia*", condotto da Maddalena

Corvaglia, premio per aver vinto il concorso "*Franco Alfano*" pochi mesi prima.

Il 17 novembre 2006, alle 15:25 poco prima dell'inizio della Santa Messa in suffragio di mio nonno, ho ricevuto la conferma che sarei partito per tre mesi per un *tour* de "*Il barbiere di Siviglia*" in America centrale.

Un ulteriore esempio di magia legata al 17 novembre e al mio lavoro si è rinnovato nuovamente nel 2017. Il gruppo "Fan's Club Enrico Iviglia", che dal 2006 mi segue partecipando alle opere nelle città in cui canto, ha vissuto la prima trasferta in aereo per raggiungere Sassari dove, proprio la sera del 17 novembre, interpretavo uno dei ruoli più completi e simpatici di *Rossini*: il "*Conte di Almaviva*" ne "*Il barbiere di Siviglia*".

IL "ROSSINI OPERA FESTIVAL" E IL MAESTRO ALBERTO ZEDDA

A gennaio 2005 inviai la domanda per le audizioni all'Accademia Rossiniana di Pesaro senza conoscere pienamente l'importanza della scuola di perfezionamento e gli sbocchi professionali che poteva offrire, così come non avevo la più pallida idea di chi sarebbe stato il mio esaminatore durante l'ascolto.

A metà marzo partii da Milano. Fu un tempo pessimo ad accompagnare il mio viaggio, sebbene la primavera fosse ormai alle porte.

Arrivai a Pesaro infreddolito dopo un viaggio su un treno Intercity, e mi incamminai verso il teatro a piedi, sotto una pioggia battente. All'audizione dovevo presentare due brani: cantai la prima aria "*Ecco ridente in cielo*", tratta da "*Il barbiere di Siviglia*" e, a seguire, "*Una furtiva lagrima*" di *Donizetti*.

Le attese dei risultati delle audizioni sono sempre momenti carichi di tensione: si ricordano molto bene, sia che abbiano un esito positivo che negativo. Ricordo che quando ricevetti la chiamata mi trovavo per strada, all'altezza del casello autostradale di Villanova d'Asti, e la mia gioia fu tale che il casellante capì subito che di fronte a sé aveva un pericolo alla guida.

Partii quindi alla ricerca di una sistemazione per l'estate. Il Teatro mi consegnò un elenco di affittacamere da contattare e iniziai a chiamare.

- *Pronto, signora Giuliana? Ho letto il suo annuncio per la camera da letto a Pesaro. Vorrei affittarla poiché farò parte dell'Accademia rossiniana.*
- *Ah, Capito!* – rispose lei – *Costa 25 euro la camera con bagno comune, capito?! 30 euro con bagno privato, capito? Abito in via Venezia, capito? Ci sono i supermercati vicini, capito? La bici la puoi lasciare in cortile, capito?!*

Conclusi questa telefonata pensando che o ero diventato rimbambito tutto ad un tratto, oppure la signora era un po' bizzarra. Confermai comunque la casa, scegliendo l'opzione con bagno in comune. La borsa di studio dell'Accademia non era altissima e non mi permetteva di fare scelte "lussuose" come quella di un bagno privato. Partii da Asti con un treno regionale: due valige e la bicicletta; con cambio del treno a Bologna; per anni tenni per ricordo il biglietto del treno per il trasporto della mia bicicletta.

L'Accademia Rossiniana prevedeva lo studio della vocalità dell'autore pesarese e la realizzazione dell'opera "*Il viaggio a Reims*", cantata scenica riscoperta agli inizi degli anni '80 e ancora oggi proposta in tutto il mondo. Mi assegnarono il ruolo del "*Cavalier Belfiore*" per entrambe le recite.

Giunsi a Pesaro con una preparazione mnemonica perfetta dal punto di vista del testo e delle note, ma pessima sullo stile rossiniano e sull'interpretazione del personaggio.

L'inesperienza fece sì che arrivassi anche senza essere a conoscenza dell'importanza dell'Accademia e della severità del maestro Zedda. Il 19 luglio 2005, dopo una decina di giorni di corsi di perfezionamento, ricevetti una strigliata incredibile, la più forte e gelida doccia della mia vita artistica. Solo con il tempo ho capito che il canto lirico e l'opera sono davvero una cosa seria e ogni tanto è importante ricevere questi rimproveri per ricordarti che la fatica non sta nell'arrivare a un certo livello: la difficoltà è mantenerlo.

Dopo il debutto al "*Rossini Opera Festival*" nel ruolo del "*Cavalier Belfiore*", il maestro Zedda continuò a chiamarmi al Festival ed ebbi la fortuna di partecipare alle *tournée* in Armenia nel 2005 e al primo *Japan Tour* dove portammo tre opere: "*Otello*", "*Maometto II*" e "*Le nozze di Teti e Peleo*" nel novembre 2008.

Dopo l'Accademia venni invitato dal "*Rossini Opera Festival*" per prendere parte al cast di "*Otello*", diretto dal maestro Renato Palumbo nel 2007, e l'anno successivo cantai nella produzione di "*Maometto II*", diretta dal maestro Gustav Kuhn. Nel 2019, il maestro Ernesto Palacio mi volle nuovamente all'interno del cast de "La scala di seta", opera diretta da Ivan Lopez Renoso e portate in scena al Royal Opera House di Muscat.

Il 6 marzo 2017 il maestro Zedda è mancato. Tutti noi artisti lo ricordiamo con incredibile affetto: chi canta *Rossini* è marchiato Zedda e la sua scomparsa è stata una grande perdita per tutto il mondo della Lirica.

SEI SUORE E UN TENORE

Uno dei concorsi più ambiti dai giovani cantanti lirici senza dubbio è quello indetto dal Teatro Lirico Sperimentale "*Adriano Belli*" di Spoleto, che da 73 anni continua a essere un buon trampolino di lancio per futuri talenti, offrendo la possibilità, attraverso la frequenza di un corso di studi di due anni, di debuttare in importanti opere nel proprio repertorio e di frequentare gratuitamente Master con le stelle del melodramma. Renato Bruson, Raina Kabaivanska, Leo Nucci sono solo alcuni degli insegnanti che ho avuto l'onore di conoscere in questa occasione, ottenendo consigli utili, ascoltando aneddoti e imparando molto.

Decisi di iscrivermi al concorso umbro dopo un insuccesso al concorso As.Li.Co. di Como, dove arrivai in finale, ma non salii sul podio.

Quando mi iscrissi all'"Adriano Belli", in realtà, non ero pienamente consapevole delle potenzialità della gara canora.

Innanzitutto, dovetti trovare una sistemazione, e grazie ad una collega ebbi il contatto di un convento, il "Bambin Gesù", che affittava camere in via Sant'Angelo 4. Ci arrivai di sera, in treno, stanco, dopo un viaggio interminabile. Non vedevo l'ora di riposarmi, ma ad attendermi c'era una lunga camminata: la struttura religiosa si trovava infatti dalla parte opposta della stazione; mi incamminai a piedi e arrivai in convento distrutto dal peso delle valige.

Del concorso a Spoleto ricordo Sanremo in TV, la pioggia scrosciante che accompagnò tutta la prima settimana di marzo e una terribile afta in bocca sulle gengive dei molari. Per un cantante avere un'infezione in bocca è un'aggravante che compromette l'esito della performance. Avevo dolori terribili e per via del male non parlavo con nessuno; guardavo fuori nel buio attraverso le vetrate del Teatro Caio Melisso, che si affaccia sulla famosa piazza del Duomo, la stessa che compare in molte scene della *fiction* "*Don Matteo*".

Partecipai con le mie “arie da baule”, quelle che anche in caso di malessere puoi eseguire senza indugi.

Quando vinsi il concorso a Spoleto, considerata la sua importanza, dissi a tutti che avevo vinto il “*Sanremo della Lirica*”. Il concerto dei vincitori venne trasmesso da Rai Radio 3. La giuria era presieduta dal famoso soprano bulgaro Raina Kabaivanska che scelse altre tre voci per il biennio 2006/2008: Maria Agresta, Federica Carnevale e Federica Giansanti.

Dopo il master con la signora Kabaivanska era previsto un concerto al Teatro di Assisi, dove ognuno eseguiva le arie preparate durante il corso. Io scelsi di eseguire l’aria di Ernesto, da “*Don Pasquale*”, opera non pienamente congeniale (ancora oggi) al mio repertorio. Studiammo e mi catapultai nell’esecuzione, che non fu soddisfacente. Visto il luogo sacro e il clima religioso della location, la signora Kabaivanska al termine della performance mi disse: “Enrico, il miracolo non è avvenuto” con conseguente risata di tutti.

LA PROFESSIONE DEL CANTANTE LIRICO: STUDIO, METODO, DISCIPLINA

Ho costruito il mio strumento vocale grazie a tre insegnanti: Silvana Moyso, Sherman Lowe e Jorge Ansorena. Ognuno di loro ha permesso alla mia voce di superare le difficoltà di emissione di un suono, e sono stati capaci di trasmettermi la passione per un mestiere che richiede pazienza, molto esercizio e grande disciplina.

Ho studiato canto e mi sono diplomato a pieni voti in Conservatorio a Torino con il soprano Silvana Moyso, dopo i primi due anni con Luisella Ciaffi, poi andata in pensione, e con Claudio Ottino, successivamente trasferito. La maestra Moyso mi ha dato le basi fondamentali e mi ha insegnato i principi per organizzare una carriera in campo lirico. A lei sono estremamente riconoscente per essersi impuntata con l'allora direttore che voleva espellermi dall'istituto a seguito dell'esito negativo dell'esame di pianoforte, e per avermi fatto capire che esiste una vita al di fuori del Teatro, fatta di famiglia, principi e momenti goderecci.

Al termine degli studi in Conservatorio, un collega del coro As.Li.Co. mi parlò di un maestro con una solida tecnica e parecchi artisti in carriera al suo seguito; si trattava del Baritono Sherman Lowe. Con Sherman ho studiato per oltre dieci anni a Venezia e frequento tutt'oggi le sue lezioni di canto, un vero *gentleman*, una persona corretta, precisa e disponibile con cui si è instaurata una fiducia reciproca fatta non solo di "bravo", "va bene" o "non ci siamo", ma di sinceri giudizi al fine di migliorare il mio lavoro.

A causa della mia irrequietezza artistica, sempre alla ricerca della perfezione, ad un certo punto iniziai a sentire la necessità di crescere ulteriormente per arrivare ad avere uno squillo tenorile più brillante, in modo da affrontare il repertorio belcantistico leggero con maggiore disinvoltura.

La voce baritonale di Sherman si doveva complementare con

quella di un insegnante della mia corda. Chiamai quindi il maestro Jorge Ansorena, di origini argentine, che risiede a Firenze. Ne avevo sentito parlare molto bene da tutti gli artisti e tanti tenori seguono la sua tecnica. Avevo già lavorato insieme ad un altro insegnante argentino, il maestro Raul Giménez, tenore di nota fama che ha cantato nei più importanti teatri di tutto il mondo, con cui condivido lo stesso repertorio. Lo conobbi nel 2010 quando debuttai al Teatro Real di Madrid nel ruolo di "*Libenskof*" da "*Il viaggio a Reims*" di *Rossini* e successivamente l'ho seguito nella sua Accademia a Barcellona, preparando il ruolo di "*Lindoro*" ne "*L'italiana in Algeri*" per il debutto al Teatro alla Scala.

Per una questione di distanze, Giménez non può seguirmi assiduamente, ma resta per me un punto di riferimento per avere consigli sul repertorio da affrontare; invece, quando gli impegni in Teatro me lo permettono, mi reco dal tenore Ansorena per affinare la tecnica. Grazie a lui ho scoperto una vocalità del tenore di cui ignoravo l'esistenza; uno squillo che trova risonanza in nuove cavità e forma la cosiddetta "voce di testa". Jorge per me è una sorta di *mister*, un motivatore che mi segue e mi sprona a dare sempre il meglio. La professione del cantante è simile a quella degli atleti sportivi, che vedono nell'allenatore non solo un istruttore in grado di insegnare la tecnica per fare una gara perfetta, ma anche un *life coach* in grado di aiutarti a superare i momenti difficili e accompagnarti verso il successo.

Solo qualche giorno fa Jorge mi diceva che non siamo dei monaci; certe volte possiamo concederci momenti di follia, ma non bisogna mai dimenticare di essere artisti in carriera: bisogna avere sempre davanti a noi ben chiaro l'obiettivo che vogliamo raggiungere e rimettersi subito in carreggiata per portare avanti un lavoro che è fatto di riposo, costanza, metodo, regolarità.

Crederci sempre, arrendersi mai!

SOSTITUZIONI IN TEATRO

In questi 16 anni di carriera artistica ho avuto il piacere di interpretare ruoli importanti, ma anche la fortuna di essere la persona giusta al momento giusto e nel posto giusto. Mi è capitato spesso di essere chiamato all'ultimo minuto per sostituire colleghi indisposti e ho così affinato la mia capacità di adattamento, diventando una "garanzia" per i teatri in cerca di una valida alternativa per poter realizzare la serata prevista in cartellone e soddisfare il pubblico pagante. Tutto ciò mi ha permesso non solo di crescere professionalmente, ma anche di sviluppare tantissime altre doti. Ho sempre visto le scritture dell'ultimo minuto come qualcosa di stimolante, in grado di mettermi alla prova per "sfidare" le mie capacità mnemoniche, sceniche, interpretative. È chiaro che l'ansia e la paura di non farcela o non essere in grado di rispondere alle aspettative della produzione sono sempre in agguato. Allo stesso tempo, l'adrenalina che sale nel momento in cui si parte per una nuova avventura provoca in me una sensazione particolare: divento più reattivo, i miei sensi si acuiscono, imparo e memorizzo più facilmente. È come se si sprigionasse tutto insieme quell'istinto di autoconservazione che ti permette di rimanere a galla, integro, sano e salvo anche nelle peggiori situazioni.

Sono passato da semplice corista a cantante solista nel 2004, proprio grazie ad una immediata sostituzione, e nel corso degli anni sono state tante le occasioni di questo tipo, che ho sempre accettato per mettermi alla prova ma soprattutto perché amo il mio lavoro. Ritengo che ogni possibilità di salire sul palco di un teatro sia da cogliere, a meno che, ovviamente, non sia controproducente farlo.

Nel 2014 venni chiamato nel giro di pochi mesi da due realtà artistiche importanti: la prima al Teatro Donizetti di Bergamo, per la nuova produzione di "*Betly*" di *Gaetano Donizetti*; la seconda al Teatro Comunale di Sassari con l'Ente Concerti

Marilisa de Carolis per l'opera "*La scala di seta*", nell'impervio ruolo di "*Dorvil*" di *Gioachino Rossini*, produzione proveniente dal Teatro La Fenice di Venezia.

Nel primo caso, la difficoltà principale fu quella di dover imparare in soli dieci giorni ben ventuno pagine di dialogo parlato in formula attoriale, oltre l'intera opera musicale. Il ruolo di "*Daniele*", tenore protagonista dell'opera, è impegnativo, e la mia risoluzione del personaggio doveva essere eccellente, senza ansie da prestazione né lacune musicali: il Festival donizettiano è molto rinomato, e per nulla al mondo avrei dovuto sfigurare.

Per cui, quando la mia agente Beatrice Ferraro mi chiamò per comunicarmi la ricerca urgente di un tenore per via della rinuncia da parte del collega, mi presi un attimo per pensarci. Il melodramma non solo doveva essere studiato, ma anche adeguatamente maturato con precisione, per raggiungere quello stile e quella vocalità che l'opera di *Donizetti* richiede, piuttosto lontani da quelli rossiniani che eseguo abitualmente. La presenza, poi, delle ventuno pagine di recitativi parlati da eseguire a memoria, come un vero attore, senza nessun aiuto musicale, mi preoccupava non poco. Mia mamma si stupisce sempre di come riesca a imparare le opere a memoria, considerato che, quando ero piccolo, la facevo diventare matta per farmi memorizzare una banale poesia.

Il segreto sta nel fatto che la presenza della musica facilita la memoria, e la frase che si appoggia sulle note scorre grazie alla melodia che si impara più velocemente del testo. Inoltre, nelle arie, il testo viene ripetuto più volte per dar modo al cantante di esibire le sue doti canore, mentre nei recitativi il testo predomina perché ha il compito di raccontare e portare avanti la vicenda.

Mi feci inviare lo spartito e il testo, e cercai di programmare un piano di studio, facendo un conto alla rovescia verso la *première*.

Decisi di accettare e, sebbene un po' nervoso, confermai il nome per il ruolo. Mi catapultai a Bergamo con mia mamma per avere un aiuto nel trasferimento nella nuova città: sistemazione della casa, permessi per il parcheggio, spesa, messa a posto dei bagagli.

In questo modo avevo la possibilità di concentrarmi totalmente sullo studio, senza perdere tempo prezioso nel disbrigo delle necessarie questioni burocratiche. Mi recai subito dai pianisti messi a disposizione dalla produzione per studiare e registrare i testi dei recitativi parlati. La direzione del teatro fu squisita: mi misero a disposizione un aiuto regista per portare al livello degli altri colleghi le parti di opera già sviluppate in scena e per interrogarmi sui testi recitati. Per facilitare la memoria e concentrarmi esclusivamente sul lavoro, staccai completamente il telefono per un paio di giorni, rifugiandomi in casa e costringendomi ad una vita monastica. Registravo i testi e li sentivo di notte; la mattina presto li ripetevo a voce alta e li scrivevo su carta. I giorni passavano e l'opera iniziava a formarsi e fermarsi nella mia mente, grazie alla costante ripetizione, all'ascolto delle parti durante il sonno o mentre ero a tavola. Non facevo questo tipo di vita dai tempi delle superiori e devo ammettere che mi è servito molto. Questo lavoro ha dato una scossa alla mia concentrazione, stimolando la mia mente, e me stesso in generale.

Quando si interpretano sempre gli stessi ruoli si corre il rischio di adagiarsi, di entrare sul palco inserendo il "pilota automatico".

Questa enorme fatica, accattivante e stimolante, è stata però premiata con l'esecuzione di otto performance, distribuite in due mesi, tra il Teatro Donizetti in Bergamo bassa e il Teatro Sociale, nella zona alta della città. A celebrare questo *tour de force* non è stata solamente l'ottima riuscita della produzione firmata dal regista Francesco Bellotto, ma anche il risultato positivo del provino che sostenni per il nuovo spot TV della Melinda, la famosa mela della Val di Non, che feci pochi giorni prima.

Purtroppo, la città di Bergamo non mi regalò solo momenti felici, ma fu anche teatro di un avvenimento sconvolgente. Omar, un mio carissimo amico e collega, interpretò nel 2013 "*Don Alfonso*" nell'opera "*Così fan tutte*" messa in scena sempre al Teatro Donizetti e decisi di andarlo a sentire. Fui ospitato nella casa in cui alloggiava, che si trovava sulla strada per salire nella zona alta della città, mentre i suoi genitori avevano trovato sistemazione presso un *b&b* nel centro storico. Terminata l'opera, li raggiungemmo per cenare in una trattoria. Arrivati alla soglia della storica porta San Giacomo, io e Omar fummo attratti da un vociare di tifosi in lontananza: le luci dello stadio ci fecero capire che si stava disputando una partita di calcio. Ci soffermammo sul ponte antecedente la porta storica, non soltanto per i cori da stadio, ma soprattutto per la bellezza della città vista dall'alto con il fascino delle luminarie in una tiepida sera d'autunno senza nebbie e foschie. Il giorno seguente insieme a Omar e sua mamma facemmo nuovamente questo tratto di strada per raggiungere Bergamo alta. La mia curiosità mi portò a tornare nello stesso punto della sera precedente, per vedere il panorama di giorno e imprimerlo nella mia memoria. Per puro caso buttai lo sguardo verso il basso: i miei occhi non potevano credere a ciò che stavo vedendo. Frastornato e sconvolto, chiamai Omar per avere conferma che ciò che avevo visto era realtà. Ci raggiunse anche sua mamma che, scioccata come noi, disse che bisognava chiamare immediatamente la Polizia, a cui raccontammo l'accaduto: il corpo di una persona si trovava riverso sui tubi del fossato idrico ai piedi dei pilastri del ponte. Una scena sconvolgente da testimoniare ai poliziotti, che fortunatamente compresero benissimo la casualità del fatto. Il destino volle che fossi stato io a ritrovare quel corpo: non so l'età, non so se uomo o donna, non so quale dolore lo abbia portato a togliersi la vita buttandosi dal ponte, ma ricordo spesso quel momento e prego per lui, perché la sua anima trovi pace.

L'altra grande opportunità che seppi cogliere al volo mi venne offerta mentre mi trovavo seduto sulla poltrona del mio dentista, il 13 novembre 2014. L'Ente concerti Marilisa de Carolis di Sassari cercava il ruolo di "*Dorvil*" e il debutto era dopo una settimana, cosa non semplice. "*La scala di seta*" è una delle cinque opere che *Rossini* scrisse per il teatro San Moisè di Venezia, è catalogata come farsetta e ha una durata di meno di due ore, senza intervallo: queste cinque opere sono tutte da ritenersi “di repertorio” e quindi da imparare, soprattutto per un tenore rossiniano come me.

Casualmente, proprio verso la fine dell’estate 2014 incominciai lo studio del ruolo di “*Dorvil*” con l’aiuto del pianista Andrea Campora e del suo metodo infallibile per la preparazione di un ruolo. È da sempre mia abitudine studiare e ripassare le vocalità dei personaggi che interpreto più spesso nei periodi di pausa tra una produzione e l’altra; questo mi permette di mantenere la voce proiettata sul repertorio che eseguo da anni e la mente allenata. Potete immaginare la mia meraviglia quando ricevetti la proposta: la *première* era prevista per il venerdì successivo, ma il mercoledì ci sarebbe stata l’apertura del teatro per la recita dedicata agli studenti. Avevo otto giorni per studiare il ruolo, maturare la vocalità e interpretare la regia richiesta. Una cosa che potrebbe sembrare impossibile, e invece no! Accettai, ma chiesi di ritardare la partenza, che volevano immediata, di un paio di giorni, perché preferivo perfezionare il ruolo integralmente con il mio pianista. A Sassari ricevetti un’accoglienza a regola d’arte: tutti si prodigarono per costruire uno spettacolo che si rivelò di altissima qualità, trasformando questa esperienza in uno dei debutti che ricordo con maggiore energia e vivacità.

Anche il 2018 merita di essere ricordato per le sostituzioni. Giovedì 15 febbraio alle ore 9:58, durante una tranquilla mattinata a casa dopo due estenuanti settimane di lavoro al Festival di Sanremo, ricevetti la telefonata dalla segreteria artistica del Teatro alla Fenice per un'emergenza nel ruolo del “*Conte d'Almaviva*”, in scena la sera stessa, a causa dell'influenza dei due artisti scritturati ne “*Il barbiere di Siviglia*”. Subito organizzai il viaggio per garantire il mio arrivo in laguna per le 17.00, fare la prova in palco e la successiva recita alle 19.00. Il regista Bepi Morassi, con cui ho lavorato in svariate produzioni, preparò la mia memoria sulle geometrie sceniche di uno spettacolo giunto ormai alla penultima recita in cartellone. Il direttore d’orchestra, il bravissimo Stefano

Montanari, conosciuto a Roma nella primavera precedente durante "*Il viaggio a Reims*", era per me una garanzia di ottima riuscita della serata. La direzione del teatro diede l'annuncio della sostituzione, e sul cartellone comparve il mio nome: certo non potevo tirarmi indietro. Con un po' di tosse – forse nervosa – iniziai l'opera e la conclusi con un più che dignitoso riscontro del pubblico. Il maestro Montanari, risalito dalla buca dell'orchestra, apprezzò la mia allegria e la mia disinvoltura nonostante fosse una situazione di emergenza, e il direttore artistico, il maestro Fortunato Ortombina, dimostrò la sua meraviglia per la precisione musicale con cui mi "incastrai" con i colleghi e con l'accompagnamento orchestrale, soprattutto trattandosi di una fine produzione.

Venezia è una città unica, può piacere o destare tristezza, ma ha un innegabile fascino. Io la amo molto: il suo teatro è intriso di energia, la politica di programmazione è acuta e l'ispirazione artistica è massima ogni volta che si raggiunge l'isola.

Pochi giorni dopo l'ingaggio per la Fenice, precisamente sabato 18 febbraio, il regista dell'opera rossiniana "*La Cenerentola*", prevista in scena al Teatro Comunale di Piacenza in quel weekend, mi chiamò perché l'artista coinvolto nel ruolo di "*Don Ramiro*" era a letto con una febbre altissima. Avevo già interpretato quel ruolo nello spettacolo firmato da Aldo Tarabella in occasione del "*59° Festival Luglio musicale trapanese*" nell'estate precedente. La sostituzione a Venezia comportava però l'obbligo di restare in Fenice anche nei giorni successivi, sebbene i colleghi fossero rientrati a seguito dell'indisposizione, per cui dovetti rifiutare, mio malgrado, l'ingaggio, ma si trattava dell'ennesima chiamata di emergenza.

Ma le sorprese non erano ancora finite. Quindici giorni dopo la sostituzione a Venezia, il Teatro di Würzburg in Germania, alta Baviera, mi contattò perché il tenore che ricopriva il ruolo del "*Conte di Almaviva*" nel "*barbiere*" era completamente afono e a breve ci sarebbe stata la *première*.

In quel periodo mi trovavo a Borgo San Lorenzo, paese natale del famoso artista *Giotto*, per interpretare nuovamente il "*barbiere*".

A causa del freddo, dei numerosi viaggi, la terribile influenza che mieteva vittime tra i colleghi contagiò anche me: presi una delle influenze più terribili della mia vita. Febbre alta che sfiorava i 40 gradi, che alcuna tachipirina o farmaco antibiotico riusciva a debellare. Nonostante mi sentissi ancora molto debole e frastornato, affrontando una nevicata che impediva la normale circolazione, accettai di partire. Arrivai in Germania il 2 marzo per catapultarmi in questa nuova produzione che da oltre un mese era riunita per le prove. Dopo qualche giorno, il collega rientrò, ma il teatro mi propose di interpretare il ruolo in un paio di recite e accettai perché lo spettacolo era piacevole, rispecchiava fedelmente il testo, e la chiave di lettura registica, sebbene moderna, non distoglieva lo spettatore dal *Rossini* più tradizionale.

Avevo da tempo programmato per fine giugno uno *shooting fotografico* sulla costa Ligure di Ponente con il mio fotografo di Milano Enrico Magri e la sua assistente Daniela Di Rosa. È sua la foto in cui poso in un tino, in mezzo alle colline di Costigliole d'Asti, pigiando uve *Barbera*, mentre indosso un frak con le code al vento e intitolata "*Il Barbera di Iviglia*".

Durante un set a Diano Marina, un collega mi avvertì che al Teatro San Carlo di Napoli erano alla ricerca urgente di un tenore che eseguisse il ruolo di "*Liscione*" nell'opera "*La Dirindina*" di *Domenico Scarlatti*. Chiamai immediatamente il mio agente e lo invitai a contattare la direzione artistica del prestigioso teatro partenopeo segnalando il mio nome; poiché avevo già debuttato in quel ruolo, conoscevo l'opera e potevo essere la persona che stavano cercando. Si trattava in realtà di una follia perché sì, quell'opera l'avevo già eseguita, ma ben 12 anni prima, presso il Teatro Lirico Sperimentale di Spoleto. Da allora non l'avevo più ripresa. In questa occasione ho capito come il cervello umano sia un organo incredibile, capace di immagazzinare nozioni salvandole come se fossero dei *files* di un computer, per poi ritirarle fuori intatte anche a distanza di anni. Quando andai dal mio pianista per riprendere il ruolo ero esterrefatto: alla prima suonata ricordai la melodia e farfugliavo parole simili al testo di *Scarlatti* che avrei reso salde il giorno seguente, prima di mettere tutto in valigia e partire per Napoli. E così, sotto la regia di Riccardo Canessa e la direzione d'orchestra di Maurizio Agostini, conclusi una produzione piacevole ed elegante della stagione estiva "*Un'estate da Re*" all'Aperia della Reggia di Caserta, ideata dal Teatro San Carlo di Napoli.

L'estate 2018 però non era ancora finita. Nel riaccendere il telefono dal ritorno dalle vacanze in Puglia, dove ho trovato un mare turchese e una vita ricca di tradizioni, mi arrivò una telefonata con la richiesta urgente di un tenore rossiniano all'interno del Festival "*Tones on the Stones*" in Val d'Ossola, in provincia di Verbania, in programma quattro giorni dopo. Devo ammettere che le vallate dell'alto Piemonte non sono proprio tra le mie preferite; si trovano quasi sul confine del Sempione e l'architettura delle case non è prettamente montana, fatta di legno e pietra. Il Festival in questione è una rassegna artistica musicale che da oltre 15 anni viene realizzata all'interno di cave sparse tra le montagne. Quello a cui dovevo prendere parte era programmato presso la cava di Beola, una grotta in granito ricoperta all'interno da pulviscolo argentato. Quando la responsabile del Festival al telefono mi spiegò i dettagli, la proposta apparve subito interessante: la direzione d'orchestra era sotto la guida della giovane e promettente Manuela Ranno e la regia di Renato Buonajuto. Accettai.

Devo ammettere che feci bene poiché ebbi occasione di prendere parte a una produzione davvero impeccabile e allo stesso tempo potei ricredermi su quella zona. Ho scoperto così valli piemontesi nuove: Masera, Domodossola e tutto l'alto Piemonte hanno delle alture con caseggiati unici, fatti in pietra a secco risalenti al XVIII secolo. Ho conosciuto colleghi simpatici e una struttura alberghiera affascinante gestita da Simona, una signora ebrea, che ha creato all'interno di un gruppo di case il suo *b&b*. La sua dimora è stata ereditata dal nonno che l'aveva acquistata dopo la Prima guerra mondiale, per rifugiarsi durante le persecuzioni razziali vicino al confine svizzero, in zone neutrali e ipoteticamente più sicure. Dopo dieci giorni di sole, mare, vita mondana e ore piccole, trovarmi in questo luogo ameno, intriso di storia e di fascino è stato un regalo.

Sostituire colleghi nelle produzioni non è cosa semplice.

È un po' come succede ai tanti insegnanti supplenti che aspettano la telefonata al mattino e devono essere pronti a partire per raggiungere la scuola, senza sapere che materia dovranno affrontare, e quali alunni e quali colleghi si troveranno davanti. La differenza è che, nel mio caso, posso essere chiamato da tutta Italia o in Europa. Non è facile affrontare un'esperienza di questo tipo: bisogna essere dotati di grande flessibilità, spirito di adattamento e capacità organizzativa. Bisogna essere pronti a partire immediatamente e tempestivamente, estraniandosi dal resto e immergendosi da un minuto all'altro nell'opera che si andrà ad eseguire. Bisogna avere la capacità di lavorare sotto pressione, di fronte a rigide scadenze: la *première* di uno spettacolo o una recita fissata in cartellone non viene mai rimandata a cuor leggero e la professionalità di un artista sta nell'offrire alla produzione garanzia di riuscita.

È sicuramente meglio far parte del cast fin dall'inizio, ma devo ammettere che non mi dispiace essere contattato per le sostituzioni dell'ultimo minuto, pranzare a casa con la propria famiglia o essere in palestra per una seduta con il *personal-trainer* e, subito dopo, ritrovarsi in viaggio verso Innsbruck o Venezia o Napoli con una valigia messa insieme alla bell'è meglio. Tutto questo ha decisamente il suo fascino, quel fascino che una professione come la mia possiede fortemente.

TEATRO ALLA SCALA

La prima volta che vidi il mio nome scritto su un cartellone del Teatro alla Scala fu nel 2005, in occasione dell'esecuzione in forma di concerto di "*Rejoice in the Lamb*" di Benjamin Britten, opera sacra per coro di voci bianche e soli, sotto la direzione del maestro Bruno Casoni, eseguito nella chiesa di San Marco a Milano.

Faccio un passo indietro: nel 2004, a pochi mesi di distanza dal diploma in canto, la confusione sulla strada da percorrere in futuro era molta. Non conoscevo bene i meccanismi delle scelte artistiche di un teatro, non avevo nessuna agenzia che mi prestasse attenzione e allo stesso tempo dovevo ancora ultimare alcuni esami presso la facoltà di Architettura.

Seguendo i consigli del maestro Alfonso Caiani, direttore del coro As.Li.Co., mi iscrissi all'Accademia per coristi del Teatro alla Scala.

Della prima esperienza in campo scaligero non ricordo i dettagli musicali, forse per l'immensa emozione. Ricordo di aver dimenticato i gemelli per i polsini della camicia e che mi strappai uno dei braccialetti estivi di stoffa che portavo al polso dall'estate precedente, quelli che compri a un euro dall'ambulante in spiaggia, e li utilizzai per legare insieme le due asole.

Frequentando l'ambiente musicale dell'Accademia imparai a muovermi nel mondo teatrale e scoprii quali fossero i meccanismi alla base delle scelte dei teatri. Capii l'impegno e il ruolo degli agenti/manager nella tutela di un artista e nella promozione della sua posizione di cantante lirico.

Quindi decisi di visionare le liste di agenti che operavano sul territorio; registrai alcuni brani su cassette nastro e mi rivolsi ad alcuni di loro per presentarmi. Mi avvicinai presto all'agenzia guidata dal dottor Giuseppe Oldani, che, grazie alle garanzie degli ingaggi di un certo livello avuti nei teatri senza l'aiuto di un manager, mi offrì la sua disponibilità a seguirmi, disegnando il mio nuovo percorso artistico.

L'anno proseguì con lo studio in Accademia, ma capii subito che studiare per entrare in un coro non era nella mia indole artistica: stava uscendo sempre più quella sensibilità musicale che mi portava ad avere la sicurezza di un solista.

Terminata l'Accademia nel giugno 2005, feci diverse audizioni per ruoli importanti, e iniziai ad avere maggiore consapevolezza delle mie capacità; fu lì che capii che era arrivato il momento di puntare in alto per ottenere scritture nei ruoli principali.

Nel marzo 2005 ebbi la conferma da parte del maestro Alberto Zedda di essere stato scelto per il ruolo di "*Cavalier Belfiore*" in Accademia Rossiniana a Pesaro e con il passare del tempo sempre più Fondazioni, grazie alla rappresentanza del mio manager, mi davano fiducia con nuove scritture.

A gennaio 2009, durante un importante concerto organizzato a Castell'Alfero, il mio paese natale, per brindare con la popolazione all'inizio del nuovo anno, il dottor Oldani mi consegnò pubblicamente il nostro primo contratto con il Teatro alla Scala. La scrittura si concretizzò in aprile con il ruolo di "*Don Luigino*" nell'opera "*Il viaggio a Reims*" di *Gioachino Rossini*, sotto la regia di Luca Ronconi, che rivisitava il famoso allestimento creato nel 1984 per la sala Pedrotti del Conservatorio di Pesaro.

Fortunatamente, ho la grande dote di avere una buona dose di sana incoscienza, oltre ovviamente alla grande passione per la musica, alla serietà e alla professionalità. La mia sana incoscienza, però, mi ha spesso permesso di affrontare palcoscenici prestigiosi con una certa tranquillità e sicurezza. Se mi fossi soffermato troppo sull'importanza che un teatro come La Scala ha nel mondo della Lirica e su quali celebrità hanno cantato tra quelle mura nel corso degli anni, probabilmente mi sarei lasciato paralizzare dall'ansia. Arrivai al mio appuntamento alla Scala, quindi, preparatissimo e con molta energia in corpo, ma anche con tranquillità e serenità. Il ruolo che interpretavo, "*Don Luigino*", è un piccolo cameo, ma ben visibile. Inoltre, la scena predisposta dal regista Ronconi era decisamente coinvolgente e attrattiva, anche grazie al costume che indossavo di un grigio sgargiante e alla rotazione di un cavallo in cartapesta trainante una carrozza chiusa, il tutto a dimensioni naturali, come se fosse una ruota panoramica roteante del Luna Park.

Terzo appuntamento scaligero di notevole levatura artistica fu sicuramente il mio debutto nel ruolo di "*Lindoro*" nell'opera "*L'Italiana in Algeri*" di *Rossini*. Ma non fu certo una scrittura immediata e semplice.

Il percorso che avevo intrapreso aveva destato l'attenzione del responsabile artistico dell'Accademia scaligera che mi aveva conosciuto nei precedenti anni di studio e il 17 novembre 2010 mi fece contattare per propormi un'audizione per il complesso personaggio di "*Lindoro*", in vista di una produzione nel luglio del 2011, produzione che coinvolgeva artisti di nota fama ed ex cadetti promettenti. Un'opportunità da non perdere.

La principale cosa da fare quando ci si avvicina a un teatro, e in particolare a uno prestigioso come La Scala, è quella di avere la consapevolezza di conoscere alla perfezione il ruolo per cui ci si sta presentando. Fortunatamente in quel periodo stavo giusto preparando "*L'Italiana in Algeri*" e quindi mi trovavo a buon punto con lo studio.

L'audizione per l'assegnazione del contratto consistette in una successione di prove. Innanzitutto, dopo la prima chiamata, mi consigliarono di recarmi agli inizi di dicembre in Accademia per far ascoltare il ruolo al competente maestro di spartito Vincenzo Scalera, accompagnatore di illustri cantanti lirici, in modo tale da ascoltare e registrare i suoi consigli per raffinare il fraseggio e lo stile in vista della successiva audizione in Scala. Sostenuta la prima, mi confermarono il passaggio alla prova successiva, l'audizione al Piermarini. Credevo fosse l'ultima, ma con sorpresa il direttore artistico volle sentirmi nuovamente sul palcoscenico per essere certo che la mia voce, come si dice nel gergo teatrale, “corresse” all’interno del teatro, cioè fosse acusticamente appropriata. Potete immaginare lo stress che si accumula in queste occasioni: un esame di maturità multiplo!

L’ultima sessione di audizione si è tenuta il 22 dicembre, giorno del compleanno di mia mamma. Dopo poco tempo ricevetti una delle notizie più belle della mia vita: un meraviglioso regalo di Natale!

BEATRICE FERRARO

Nel 2013 terminai la collaborazione con il dottor Oldani, il mio primo agente, che mi seguì magistralmente dagli inizi della carriera per molti anni. Successivamente, fu la signora Beatrice Ferraro, figlia del noto tenore Pier Miranda Ferraro, famoso per aver interpretato oltre cinquecento volte l'opera "*Otello*" di *Giuseppe Verdi*, a prendere in mano le redini del mio percorso.

Beatrice è una signora di classe; grande professionista, diplomatica, precisa, poco amante del pettegolezzo che dilaga negli ambienti artistici. Appassionata di opera, ma capace al termine dello spettacolo di lasciarsi coinvolgere in una cena tra amici e parlare di ogni argomento. Ci accomunava un grande amore per la vita e la libertà: con lei facevo shopping, andavo a vedere i musei o ci scambiavamo consigli in cucina. Ha saputo rappresentarmi nei più importanti teatri italiani e nel migliore dei modi, difendendo la mia figura e proponendomi lavori di prim'ordine.

Ricordo ancora quando andammo alle Scuderie del Quirinale a Roma, nella primavera del 2014, a vedere la mostra dedicata a Frida Kahlo. La mamma di Beatrice era una pittrice e le aveva trasmesso l'amore per la bellezza e la pittura.

Nel luglio 2017, Beatrice decise di sottoporsi ad un semplice intervento chirurgico. Purtroppo, come a volte capita, qualcosa non funzionò, e per una inaspettata e inspiegabile complicazione è tutt'oggi immobilizzata in un letto.

Ricordo ancora la telefonata della sua segretaria, mercoledì 25 luglio. Era il giorno della prima recita di "*Cenerentola*" a Trapani, durante il Festival del "*Luglio Musicale Trapanese*". Ne fui scioccato, incredulo; per due settimane faticai a prendere sonno, un senso di impotenza mi assalì e per la prima volta non avevo voglia di salire sul palco. Però il pubblico aveva il diritto di godere dello spettacolo migliore che potessi offrire anche se avevo la morte nel cuore. Passavo le giornate in silenzio, al porto, in uno piccolo chiosco per i marinai; guardavo l'orizzonte nella speranza che la situazione migliorasse.

Beatrice era per tanti artisti una mamma, severa al momento giusto, quando l'artista è indeciso o fa capricci da "prima donna", ma allo stesso tempo chioccia quando si trattava di prendere le parti del cantante e far valere i suoi diritti.

Scrivere questo ricordo il 23 agosto 2018, giorno del suo sessantaquattresimo compleanno, mi fa pensare ancora più intensamente a lei. Probabilmente non potrà mai leggere queste parole, ma è stata davvero fondamentale non solo per la mia vita professionale, ma anche per quella personale.

IL BARBIERE DI SIVIGLIA

"*Il barbiere di Siviglia*" di *Gioachino Rossini* è, insieme a "*La Traviata*" di *Giuseppe Verdi*, l'opera lirica più eseguita al mondo. Nonostante sia stata interpretata per la prima volta più di duecento anni fa è ancora molto attuale e con una musica decisamente godibile.

Ad oggi ho eseguito questo spettacolo 72 volte, ma ricordo ancora perfettamente la prima, grazie a un concorso indetto dall'Orchestra Sinfonica di Sanremo, la stessa che suona al Festival della Canzone italiana. Erano gli ultimi anni precedenti la crisi economica che ha coinvolto anche il mondo teatrale e che ha provocato grandi tagli, soprattutto nelle iniziative a favore dei giovani emergenti.

Il concorso si svolgeva a settembre in una riviera dei fiori ancora profumata di creme solari; il premio finale per i vincitori consisteva nell'allestimento di un concerto che sarebbe stato trasmesso su Rai 1 in un sabato sera, dopo la partita di calcio Italia-Polonia, in un orario ancora accessibile. Era una grande occasione di visibilità: Rai 1 portava finalmente la Lirica in TV. Una cosa eccezionale se si pensa che all'epoca non c'era ancora il canale tematico Rai 5 e che programmi di quel tipo in genere andavano in onda a notte fonda. Inoltre, il concorso era anche strategico per chi voleva iniziare a muovere i primi passi sul palcoscenico, grazie alla realizzazione dell'opera presso il Teatro del Casinò di Sanremo a metà gennaio, con il clima natalizio nell'aria e le luminarie accese per ricordare l'imminente inizio del Festival al Teatro Ariston.

La *show girl* Maddalena Corvaglia, all'epoca amatissima velina di "*Striscia la notizia*", presentava il concerto nel suo elegante abito nero a tubino, mentre la regia dell'opera era firmata da Francesco Esposito; una realizzazione piacevole, scenograficamente rappresentata all'interno di un faro del porto.

Dopo la frequenza all'Accademia a Pesaro, questa era la mia prima vera produzione.

All'epoca le mie capacità attoriali erano piuttosto imbarazzanti; mi sentivo impacciato, al punto tale da impigliarmi il cavallo dei pantaloni in una impalcatura a quattro metri d'altezza, cosa che mi fece tardare l'ingresso in scena. Interpretavo il ruolo del "*Conte di Almaviva*", che, con i suoi simpatici travestimenti e il suo estro, risulta essere uno dei personaggi preferiti, insieme a "*Don Ramiro*" della "*Cenerentola*" e il "*Comte Ory*" (*Title role*) soprattutto in quest'ultima, quando entro in scena nel divertente travestimento da Suor Colette, volutamente scritto da *Rossini.*

Mi capita spesso di pensare che forse il mio destino era già scritto nel mio nome. O meglio, nel mio cognome. Iviglia si lega impeccabilmente a Siviglia, al nome di quell'opera così adatta al mio registro vocale da farla diventare un mio cavallo di battaglia.

Se penso che da piccolo amavo così poco il mio cognome da volerlo cambiare assumendo quello di mia mamma! Volevo diventare Enrico Pippione.

Con il procedere della mia carriera artistica ho capito che Iviglia poteva diventare anche una sorta di *slogan*, un marchio. Di facile pronuncia anche all'estero, breve e armonico, legato all'opera di *Rossini*.

Per questo motivo, grazie all'aiuto di una cara amica di Milano, esperta di immagine, e di un pubblicitario di Pesaro amico e figurante nel "*Rossini Opera Festival*" abbiamo puntato sul *marketing*, sfruttando il mio cognome e i suoi nessi.

Essendo natio di Asti, ho pensato a uno dei nostri prodotti tipici maggiormente conosciuti e riconosciuti in tutto il mondo: il vino.

Ho contattato un cantiniere di Costigliole d'Asti, un grafico fidato e un buon tipografo: nacque così "*Il Barbera di Iviglia*".

È stato un vero successo. Con "*Il Barbera di Iviglia*" sono riuscito a legare il mio nome al repertorio rossiniano, attraverso un prodotto tipico della mia terra.

Il vino viene prodotto da Enrico Ferrato, mio ex compagno di scuola che, con la sua famiglia, ha ereditato il lavoro del nonno e continua a coltivare con precisione e metodo le colline in frazione Loreto di Costigliole d'Asti, vallata che si affaccia sulla vicina Alba. Una piccola realtà famigliare che produce vini di ottima qualità senza sfruttare in maniera intensiva il terreno, ma rispettando la natura e il paesaggio circostante.

Proprio come piace a me!

Una delle più belle produzioni de "*Il barbiere di Siviglia*" è stata quella a Innsbruck al Tiroler Landestheater, non solo per l'interpretazione, ma anche per gli aneddoti collegati a questo mio ingaggio. Di sicuro, questa avventura se la ricorda bene Giorgio Nosenzo, carissimo amico di Portacomaro Stazione, che mi accompagnò a Innsbruck in auto, guidando tutto il pomeriggio per arrivare in tempo a sostituire un collega.

Ma procediamo con ordine.

Rientrato in Italia a ridosso del Natale e non avendo avuto la possibilità di fare gli auguri ad amici e parenti prima del 25 dicembre, decisi di organizzare diverse cene per consegnare i doni natalizi e scambiare quattro chiacchiere. Il 28 dicembre era in programma a casa mia una classica cena natalizia a base di lenticchie e cotechino insieme ad alcuni amici di Alba. Mentre ero intento nella preparazione dei piatti, intorno all'ora di pranzo mi telefonò la mia agente da Vienna, dicendomi che c'era un problema a Innsbruck con un collega tenore che stava interpretando "*Il barbiere di Siviglia*", ma che aveva dato *forfait* per via di un raffreddore. Mi proponeva quindi di sostituirlo, peccato solo che la recita fosse il giorno seguente.

Raggiungere Innsbruck da Asti non è semplice perché non ci sono voli: la soluzione più opportuna era quella di partire in auto.

Avevo però bisogno di un autista che mi permettesse di sfruttare il tempo del viaggio per ripassare l'opera, ma soprattutto studiare i tagli, ossia le parti che, per scelta del regista o del direttore d'orchestra, vengono omessi e che quindi cambiano da una produzione all'altra.

Il mio agente mi diede le indicazioni e un po' mi preoccupai: la regia di questa produzione, seppur meravigliosa, era molto difficile, piena di particolari, con un palcoscenico girevole suddiviso in quattro spicchi e quattro ambientazioni. Tantissimi dettagli da ricordare, cambi d'abito veloci e il tutto da svolgersi con molta energia, movimenti sciolti e colleghi stranieri mai visti prima.

Appena il *manager* mi confermò la sostituzione decisi di contattare Giorgio che, oltre ad essere un amico fidato, è anche una persona molto cara e disponibile, con forte senso dell'avventura e spirito di adattamento: la persona giusta per una situazione di questo tipo.

Partimmo subito dopo pranzo. Io studiavo con lo spartito sui quadricipiti, lui attento alla strada da percorrere. Arrivammo a Innsbruck nell'hotel messo a disposizione di fianco al teatro per l'ora di cena.

Mi precipitai in teatro dove mi attendevano per la firma del contratto e la consegna del materiale video. Mi accolse una segretaria della direzione artistica, mi diede il DVD e gli orari per il giorno seguente. Io e Giorgio ci ritirammo in hotel, mangiammo velocemente, dopodiché mi barricai in camera per visionare lo spettacolo al computer. Arrivai alla fine del primo atto e, confuso per le mille cose da ricordare, decisi di riposare un po' per essere più concentrato alle indicazioni del giorno successivo.

Dopo una ricca colazione ritornai in camera per visionare la seconda parte del DVD. Il secondo atto era più breve, soli 50 minuti, e cercai di memorizzare più dettagli possibili. Ciò che mi preoccupava di più erano tutti i particolari non visibili: quando un DVD è registrato nei dettagli accade che, se si inquadra la protagonista che canta sulla sinistra del palcoscenico e il coprotagonista è sulla destra che compie un gesto scenico, la precedenza dell'inquadratura va alla cantante che sta cantando, per cui l'azione scenica sulla destra non è ripresa. Questo significava che c'erano tantissimi particolari in controscena che io non vedevo dal DVD, ma che avrei dovuto imparare.

Alle 10.00 avevo appuntamento in sala prove con l'assistente alla regia, che con l’aiuto di alcuni oggetti di guardaroba ed elementi scenografici aveva il compito di istruirmi sui movimenti da eseguire sul palco.

La cosa positiva è che quando vieni catapultato in uno spettacolo già allestito, soprattutto se è alla quinta o sesta recita, non può mancare da parte dei colleghi, delle maestranze del teatro e anche del direttore d'orchestra una buona disponibilità ad assecondare eventuali inceppi: lo sforzo che l'artista sta compiendo per inserirsi nell’opera è notevole, e deve essere apprezzato. Facilitare la sua interpretazione vuol dire anche avere più possibilità di ottenere un risultato di qualità per concludere egregiamente la serata a favore del pubblico presente in sala.

Lo spettacolo in chiave moderna si risolse nel migliore dei modi: la produzione fu felicissima di avermi avuto ospite e, grati, mi ingaggiarono per un'altra recita nel maggio successivo.

Il mio amico Giorgio rimase molto impressionato dall’ambiente teatrale e dall’energia che si sprigiona in quegli ambienti. Era quasi sconcertato dalla mia avventurosa e bizzarra vita di cantante, partito il giorno prima da località Casotto di Castell'Alfero per giungere a Innsbruck ed essere catapultato sul palcoscenico. Ma soprattutto non poteva credere alla strepitosa accoglienza che la produzione dimostrò nei suoi confronti, riservandogli un posto di primordine, oltre a molte attenzioni a cui non era abituato.

LE COMTE ORY

Interpretare il "*Conte Ory*" desta molta attenzione sia nelle direzioni dei teatri che nelle agenzie che rappresentano i loro artisti. Si tratta infatti di un ruolo molto lungo, con alti acuti oltre il DO, in lingua francese, diversi cambi di abito, un'agilità fuori dai canoni di opere come il "*Barbiere*" o "*Cenerentola*" e un'aria in apertura dell'opera piena di virtuosismi che si possono risolvere solo con una solida tecnica e nervi ben saldi: nessun raffreddore è ammesso.

Quando mi proposero questo ruolo dovetti valutare attentamente l'ingaggio perché interpretare "*Le Comte Ory*" (titolo dell'opera) comportava uno studio assiduo di diversi mesi, con estrema attenzione e concentrazione, soprattutto durante le prime letture quando il cervello deve memorizzare attentamente tutte le note. Non che con le altre opere sia più facile, ma questa è davvero complessa.

Inoltre, dovevo soggiornare per sei lunghi mesi in Svizzera a Biel/Bienne, una graziosa cittadina affacciata sul lago di Bienne con un clima piacevole, ma fuorimano dai collegamenti principali. Le ventitré recite erano spalmate in calendario in un modo che non mi permetteva di incastrare altre produzioni, se non qualche concerto.

Lessi la prima volta il ruolo con il mio fidato pianista Campora e decisi di accettare: potevo farcela.

Sempre nel Teatro TOBS (Theater Orchester Biel Solothurn) cantai nel 2013 l'opera "*Il Turco in Italia*" e l'esperienza fu più che positiva, ma ora la responsabilità era maggiore: avevo il ruolo del titolo da affrontare e più aspettative da parte del pubblico e del teatro.

Arrivai a Biel il 9 agosto e, forse per la forte aria condizionata del treno, mi sentivo debole, spossato, stavo malissimo, le gambe non mi reggevano. Essendo domenica, il teatro era chiuso e nel *residence* non c'era alcun collega.

Quando si sta male all'estero, con le difficoltà della lingua straniera è una complicazione non da poco. Ripensai alle parole di Chris Merritt, eccellente tenore che conobbi nel 2007 in occasione del "*Rossini Opera Festival*", insieme a Gregory Kunde e Juan Diego Florez. Merritt ebbe un problema alle gambe e dovette sottoporsi a numerose iniezioni. Entrai in confidenza con lui e un giorno mi raccontò delle difficoltà di un artista quando non esistevano ancora i cellulari. La prima cosa che faceva quando prendeva una casa in una città era verificare la presenza del telefono, in modo da poter chiamare i propri cari.

Mi confidò che per lui era molto importante ricevere una telefonata dalla famiglia e sapere che tutti stavano bene. Dopo alcuni episodi analoghi e qualche anno di esperienza, comprendo le parole di Merritt.

Dopo quel primo malore, tutto andò per il meglio.

Ci furono sei settimane di prove che si dividevano tra la regia di Pierre-Emanuel Rousseau e le musicali del maestro Marco Zambelli e, insieme, arrivammo alla *première* con sicurezza e disinvoltura; la professionalità del direttore è stata impeccabile e ha portato tutto il cast a eseguire i propri ruoli con tempi musicali che si misuravano perfettamente con quelli voluti da *Rossini*. Il regista ha interpretato perfettamente il libretto e ha fatto sì che, nella scena del travestimento da Suora, i solisti uomini e il coro maschile eseguissero un balletto che richiamò una vera ovazione del pubblico presente in sala. La musica magistrale rossiniana e la precisa organizzazione svizzera hanno consentito che si realizzasse una perfetta *tournée* in diverse città, e ancora oggi sono estremamente grato al teatro di avermi proposto di cantare "*Comte Ory*", uno dei ruoli più difficili del repertorio buffo che mi ha permesso di scoprire un'ennesima nota ironica dell'autore pesarese.

SÌ, VIAGGIARE, EVITANDO LE BUCHE PIÙ DURE

A giugno 2008 l'Opéra di Saint Moritz mi ingaggiò nell' "*Otello*" di *Rossini*, mentre il mese successivo fui scritturato dal "*Rossini Opera Festival*" per l'opera "*Maometto II*" a Pesaro.

Due opportunità importanti e irrinunciabili: il primo ingaggio era gratificante per il debutto del ruolo di "*Rodrigo*", noto come uno dei più impegnativi personaggi per agilità e acuti; il secondo mi affascinava per il pregio del Festival marchigiano e sebbene il ruolo del "*Condulmiero*" non fosse il protagonista, mi trovavo all'interno di un *cast* stellare. Il mio agente mi consigliò di accettare entrambi i contratti e così feci.

Presto però nacque un problema non da poco, perché le ultime recite di "*Otello*" a Saint Moritz, in Svizzera, si accavallavano con i primi giorni di prove a Pesaro a inizio luglio.

Il dottor Oldani, per incastrare entrambe le cose, chiese sei giorni consecutivi di permesso a Pesaro per avere così la possibilità di ultimare le recite nel territorio svizzero, ma l'Ente pesarese rifiutò.

Gli enti Lirici sono restii a concedere permessi, perché quando manca un cantante, sia nelle letture musicali che nelle ore di regia, la prova è "zoppa"; il ruolo del cantante assente deve fingerlo o un figurante o un assistente e la produzione, una volta rientrato l'artista titolare del ruolo, deve ripetere le prove per via delle assenze.

Fortunatamente, grazie all'abilità del mio agente, e soprattutto all'immensa disponibilità dei miei cari amici, siamo riusciti a dimezzare il numero di giorni di permesso, facendo spola notturna in auto tra Saint Moritz e Pesaro, andata e ritorno. Ripeto: di notte!

Invitai Fabio e Laura a partecipare alla recita di "*Otello*" a Saint Moritz; al termine, mi prelevarono dal teatro e con un viaggio notturno di oltre sette ore raggiungemmo Pesaro; non c'erano ancora gli *smartphone* e il navigatore satellitare non aveva segnale sul territorio straniero. Era notte fonda e pochi i cartelli per districarsi tra le montagne svizzere; ogni tanto mi assopivo, mentre Fabio e Laura si alternavano alla guida, anche se in realtà le nostre chiacchiere non si sono mai esaurite per il forte affiatamento e anche per scongiurare colpi di sonno.

Qualche giorno prima mia madre era giunta a Pesaro per prendere possesso della casa; un appartamento in pieno centro, in cui ci accolse con una deliziosa torta fatta in casa. Dopo colazione i miei amici ripartirono per il Piemonte, mentre io mi riposai un po' prima di recarmi alle prove previste per le 11.00 in una sala del Conservatorio "*Gioachino Rossini*". Dopodiché, terminata la prova, ripartii con altri due amici, Irina e Ferruccio di Fabriano (PG), che mi riportarono a Saint Moritz.

Sapevo che cantare in entrambe le produzioni mi sarebbe costato molta fatica e impegno, ma l'opportunità era troppo preziosa. Poter contare sull'aiuto e la collaborazione di persone fidate mi ha fatto affrontare la sfacchinata con grinta e senso dell'avventura.

La stessa cosa capitò qualche mese dopo, a novembre. Terminata la recita de "*I Capuleti e i Montecchi*" al Carlo Felice di Genova, il mio ex compagno di banco Sandro mi prelevò dal capoluogo ligure per portarmi a Bolzano: il mattino seguente dovevo essere presente ad un'importante prova con il maestro Zedda, in vista della *tournée* del "*Rossini Opera Festival*" in Giappone. Fu un viaggio interminabile: la pioggia accompagnò tutta la nostra trasferta. Sandro rimase due giorni a Bolzano, sfruttando quel viaggio per una piccola vacanza; mangiammo molti panini speck e brie e acquistammo entrambi un simpatico orologio a cucù!

Dopo pochi giorni, sarei partito per Tokyo; mi attendevano dieci ore di volo, ma nulla a confronto dei viaggi in automobile!

ENRICO IVIGLIA FAN'S CLUB

Conoscenti, simpatizzanti, melomani, amici che vogliono visitare città, godersi uno spettacolo a teatro o semplicemente stare in compagnia: ecco chi è il gruppo "Enrico Iviglia Fan's Club".

Nato del 2006 in occasione dell'opera "*La finta giardiniera*" a Firenze, non si tratta di un'associazione, non ci sono tessere da acquistare e non c'è scopo di lucro: è solamente un modo per passare del tempo insieme, fare un viaggio, assaporare piatti tipici e scoprire l'opera lirica. Insomma, fare cose che da solo o in coppia magari non faresti, affidandoti a un'organizzazione precisa e meticolosa.

In questi anni sono state realizzate oltre trenta trasferte, in Italia e nei vicini stati confinanti, principalmente in pullman, ma anche con treni ad Alta Velocità o aereo.

La prima gita a Firenze ha visto la partecipazione di una trentina di persone. Un numero contenuto, forse perché era la prima volta e si voleva "tastare il terreno", o perché magari le persone pensavano che la proposta fosse riservata a una nicchia di amanti dell'opera, con costi inavvicinabili e lunghe ore soporifere in teatro. Niente di tutto ciò.

La pianificazione della trasferta è molto accurata in tutti i suoi aspetti, con una precisa suddivisione di compiti.

Io mi occupo dei biglietti, contattando l'ufficio apposito del teatro e, grazie al mio nome in cartellone, l'ente offre biglietti a prezzi vantaggiosi e in ottima posizione. Un collaboratore si occupa del trasporto, contattando la ditta dei pullman o prenotando i biglietti del treno. Infine, una terza persona gestisce pernottamento e ristorazione. La squadra è ben affiatata e coordinata; chi partecipa sa che può contare su una programmazione scrupolosa, senza dimenticare che quando si viaggia ci va sempre un po' di spirito di adattamento poiché l'imprevisto può essere dietro l'angolo.

Grazie alla qualità degli spettacoli e all'impeccabile organizzazione, attraverso la strategia del passaparola la compagine si è di volta in volta rimpolpata di nuovi simpatizzanti che hanno scoperto come il genere lirico sia avvincente e travolgente. Non c'è ovviamente nessun obbligo di presenza: ognuno sceglie quando e se partecipare, dando adesione di volta in volta alle proposte, con la garanzia che la gita e lo spettacolo saranno sempre diversi. Tra le trasferte più apprezzate quelle verso la Laguna di Venezia per "*Il barbiere di Siviglia*" in concomitanza con lo storico Carnevale; a Trieste per "*L'occasione fa il Ladro*"; a Roma per "*Maometto II*". A Reggio Emilia oltre ad assistere al "*Barbiere*", si è visitato il museo della "*Coccarda Tricolore*", ideata da Giovanni Battista De Rolandis, originario di Castell'Alfero; a Busseto per "*Il viaggio a Reims*" si è potuto visitare la casa di *Giuseppe Verdi*; a St. Moritz per "*Otello*" e "*barbiere*" un memorabile soggiorno nel lussuoso *Kulm Hotel*, con l'ansia dell'abito da indossare in un contesto così sfarzoso e principesco. Da non dimenticare le tre trasferte consecutive a Milano, al Teatro alla Scala, per assistere a "*L'Italiana in Algeri*" o la prima gita in aereo a Sassari, emozionante per alcuni sessantenni che non avevano mai volato.

Affascinante la gita a Spoleto e Assisi, con due pullman: cento i partecipanti che hanno pernottato nel Convento "Bambin Gesù" di Spoleto, quello che mi ospitò per due anni. La cena nel refettorio ebbe un sapore di antico, e ci fu grande convivialità tra i commensali. A dicembre 2016, gita nella splendida Napoli con spettacolo all'interno di uno dei teatri più famosi al mondo, il San Carlo, con pasti consumati all'aperto per via del piacevole clima, nonostante fossimo quasi in inverno, e le meraviglie partenopee di fronte agli occhi.

La scorsa primavera, quando eseguii "*Il barbiere di Siviglia*" al Teatro Regio di Torino, raggiungemmo addirittura i 140 partecipanti, grazie alla vicinanza con la nostra città e al prezzo contenuto del biglietto.

Quando so che in platea siede il gruppo del “Fan’s club” provo un maggiore senso di responsabilità: un’onda più calorosa dell’applauso arriva sul palco, la loro familiarità mi sostiene e non voglio affatto deluderli.

Il segreto del successo dell’“Enrico Iviglia Fan’s club” sta nella semplicità della proposta, che è allo stesso tempo di alto livello. Non vende un prodotto, ma propone cultura! Offre infatti la possibilità di visitare nuovi luoghi e lasciarsi coinvolgere dal fascino del Teatro.

XXIX CONCERTO DI FERRAGOSTO

Sabato 15 agosto 2009.

Ero appena rientrato a Castell'Alfero, pochissime automobili percorrevano le vie e quasi tutti gli amici erano in vacanza. Volevo dormire per riposarmi dalle fatiche dei giorni precedenti, ma appena cercavo di chiudere gli occhi, ecco apparirmi l'immagine fissa delle oltre 15 mila persone che sedevano intorno al palco, allestito in una delle vallate più belle e soleggiate del Piemonte: la Val Varaita, a 1700 metri di altezza. Chianale, il piccolo borgo del paese di Pontechianale, era diventato una metropoli, considerato che in inverno registra meno di 20 abitanti. Ero appena stato uno degli interpreti del *XXIX Concerto di Ferragosto*.

Arrivare lì è stato tutt'altro che una passeggiata e per ripercorrere la strada, bisogna tornare indietro al 2005, quando il sindaco di Guarene, la signora Carla Boffa, nonché assessore al Turismo della città di Cuneo, segnalò il mio nome all'orchestra "*Bruni*" di Cuneo, che dal 1981 organizza l'evento musicale, classico televisivo, più importante del Piemonte: il *Concerto di Ferragosto*, ogni anno trasmesso in diretta su Rai 3.

L'orchestra non mi conosceva artisticamente e, sebbene il mio curriculum vantasse già collaborazioni con importanti enti lirici e vittorie di prestigiosi concorsi, prima di ottenere un ingaggio per un concerto con loro dovetti affrontare una vera e propria gavetta.

Passarono quattro lunghi anni, ma finalmente il 2009 fu l'anno della svolta.

Il Natale precedente chiamai Alberto Fabi, violoncellista e referente dell'orchestra, per gli auguri di rito, e durante la conversazione mi chiese la disponibilità per il *Concerto di Ferragosto.*

Chiamai per gli auguri anche il maestro Antonio Tappero Merlo, direttore dell'orchestra, e anche lui mi parlò del concerto e cercò di scoprire qualche dettaglio in più sulle mie disponibilità, sottoponendomi ad una sorta di interrogatorio.

Definendo l'annata artistica del 2009, scoprii ben presto che dopo il 15 luglio sarei ritornato in Piemonte, per riprendere con successivi impegni a settembre: di conseguenza, sarei stato a completa disposizione per l'appuntamento del 15 agosto.

In prossimità della Pasqua, contattai Fabi per farmi fare un preventivo, poiché dovevo realizzare un concerto presso il rinomato ristorante Gener Neuv di Asti in occasione della consegna del premio "*Primo applauso*", e necessitavo di un quartetto d'archi, una piccola formazione composta da due violini, una viola e un violoncello, che mi accompagnasse durante l'esibizione. Con la consegna del preventivo, il violoncellista mi ricordava il *Concerto di Ferragosto*, chiedendo nuovamente se fossi libero in quel periodo.

A maggio, Fabi mi invitò a contattare il maestro Antonio Tappero Merlo per definire il repertorio. Era fatta. Dovevo scegliere i brani da interpretare e accordarmi con il soprano Irene Favro su un duetto da realizzare insieme. Scegliemmo "*Chiedi all'aura lusinghiera*", tratto da "L'Elisir d'amore" di *Gaetano Donizetti.* Il 23 luglio arrivò la prima prova a casa del direttore d'orchestra.

Con la certezza del *Concerto di Ferragosto*, partì l'organizzazione di una gita da proporre ai membri del "Fan's club", grazie al supporto della Pro Loco di Castell'Alfero, presieduta da Gigi Avidano. L'idea era quella di organizzare una trasferta nella località del cuneese, allestendo una zona ristoro per la colazione e il pranzo, e riservando uno spazio strategico per i miei compaesani e sostenitori che volevano assistere al concerto.

Un gruppetto della Pro Loco fece in luglio un sopralluogo a Chianale; in quell'occasione conoscemmo Gertu, il padrone del prato antistante la grandissima piana dove si realizzò la performance. Cinquant'anni portati male, originario di Saluzzo, durante il periodo estivo trascorreva il suo tempo nella casetta immersa nel verde, fatta in pietra, in vero stile montano. Quando arrivammo, stava leggendo un libro su piante di montagna adatte a realizzare liquori, medicine e infusi. Mi presentai con il mio sorriso e con *nonchalance* chiesi se fosse stato possibile organizzare un pic-nic nel suo prato, al termine del concerto, per un centinaio di persone. Gertu, educato ma diffidente, non si alzò mai in piedi durante la nostra conversazione, non ci diede una risposta precisa, ma proclamò: "Per me va bene, ma chi prima arriva, prende il posto". Bisognava studiare strategie per accaparrarsi il prezioso spazio la mattina della performance.

Nel frattempo, partì a pieno ritmo l'organizzazione della gita: prenotazione del pullman, allestimento della colazione e del pranzo, realizzazione di magliette, cappellini per il sole e foto ricordo come *gadget*.

Realizzammo manifesti e volantini con impostazione grafica di Tiziano Toniolo, organizzai incontri con i giornalisti astigiani Carlo Francesco Conti de "*La Stampa*" e Giuseppe Elettrico della "*Gazzetta d'Asti*". Incontrai anche Carlo Cerrato, all'epoca direttore del TG Rai Piemonte. Spedii oltre trenta inviti mirati a direttori artistici, assessori alla cultura di Asti e della Regione Piemonte, a vescovi, anche in Vaticano. I giornali iniziarono a parlare dell'iniziativa e ben presto arrivarono le prime adesioni: in un attimo il primo pullman fu pieno e prenotammo il secondo. Ordinammo 150 magliette e altrettanti cappellini gialli: sulla *t-shirt*, una mia foto e la frase *"Pace e gioia sia con voi",* tratta da "*Il barbiere di Siviglia*"; sui cappellini, la scritta "Enrico Iviglia Fan's Club".

In quei giorni, fu fondamentale l'aiuto di Maria Grazia, amica di Castell'Alfero, che per l'estate è solita trascorrere le vacanze a Pontechianale. Mi aiutò a prendere contatti con uffici e ottenere risposte importanti su parcheggi, pass, consigli sulla viabilità e permessi per la Pro Loco per distribuire generi alimentari.

Lunedì 10 agosto, giorno ultimo per le adesioni, il numero raggiunto fu di 109 iscritti: due pullman e parecchie auto al seguito.

Quello stesso giorno Carlo Cerrato mi mise in contatto telefonicamente con il compianto Gianfranco Bianco, giornalista e presentatore del concerto in montagna. Martedì 11 agosto arrivò la decisione di prenotare il terzo pullman. Le adesioni continuavano ad arrivare e raggiungemmo quota 150.

Giovedì 13 agosto, dopo le estenuanti prove in una Cuneo soleggiata e afosa, all'interno di un locale polifunzionale ricavato in una chiesa barocca sconsacrata e restaurata al meglio utilizzando legno lamellare e calcestruzzo, partii per la montagna. Non vedevo l'ora di essere là, andare dal panettiere a portare l'acconto per le oltre 500 pagnotte, e incontrare Gertu per consegnargli una bottiglia di *Barbera* in segno di ringraziamento.

Giorgio e Silvia, amici di Portacomaro, avevano una casa di villeggiatura distante pochi minuti dal luogo del concerto, e si offrirono di darmi ospitalità nei giorni precedenti la manifestazione.

Quando arrivai a casa loro, trovai ad attendermi sul balcone uno striscione con scritto: "Benvenuto Enrico Iviglia, grande tenore". Il cuore si fermò per un attimo. Appeso a un altro balcone, un altro pannello: "Enrico Iviglia, tenore di Ferragosto".

Venerdì 14 agosto: mi svegliai presto, colazione in famiglia e passeggiata per il paese per respirare aria pulita, per poi pranzare alle 11:30. L'assestamento era previsto alle 13 in punto e alle 14, sotto un sole cocente, a 1797 metri di altezza, iniziò la prova generale con la registrazione del concerto, che sarebbe servita nel caso in cui la pioggia avesse fatto saltare la diretta.

Al termine delle prove arrivò il primo gruppo della Pro Loco di Castell'Alfero. Sotto l'occhio vigile e un po' brillo di Gertu, iniziò l'allestimento dell'area pic-nic. Alle 20.30 arrivarono anche mio cugino Luca, viticoltore, proprietario dell'azienda "Cascina Monsignore", che regalò alla Pro Loco cento litri di vino, selezionando il miglior *Barbera* 2007, e mio padre, utile aiuto per la gestione logistica. Presa visione dei luoghi, la serata si concluse con una polentata a casa di Giorgio: ero stanchissimo.

Con gli occhi rivolti al cielo, attento a scorgere la minima nuvola che potesse adombrare le stelle, andai a riposarmi.

Dormii abbastanza bene, ma l'adrenalina che avevo in corpo mi fece svegliare un'ora prima del previsto. Appena aprii gli occhi, spalancai le finestre per accertarmi delle condizioni meteo: nel cielo splendeva un bel sole caldo. Verso le 9:20 arrivò la comitiva composta da tre pullman e tante macchine al seguito, sventolando il cappellino giallo e indossando la maglietta personalizzata.

Arrivammo in quota nel luogo previsto per il concerto, e la sorpresa fu enorme: una macchia immensa di persone si estendeva sul prato davanti al palcoscenico e capii immediatamente che i 750 curricula in tre lingue che avevo stampato per distribuirli ai presenti non sarebbero bastati. Erano appena trascorse le dieci e si calcolavano già 5.000 persone.

Mi sistemai a casa di Gertu e, mentre i gitanti stavano facendo colazione sotto i gazebo allestiti sul prato di casa sua, a 30 metri dal palcoscenico, mi accertai che la voce stesse bene. Dopo la prova generale, incontrai Gianfranco Bianco: ci accordammo per un'intervista da mandare in onda al TG radiogiornale Rai.

L'inizio del concerto era previsto per le 13:00. Alle 12:45 ero pronto dietro al palco: non ero teso, avevo solo voglia di cantare per liberare la mia voce e trasmettere la mia energia al numeroso pubblico presente. Alle 13:05 iniziò la diretta e salii sul palco per la prima volta per eseguire "*Ecco ridente in cielo*". Se chiudo gli occhi, ho ancora l'immagine di quelle persone, dei berrettini gialli, dell'impianto di amplificazione da stadio, di Giorgio che mi stava al fianco. Il pubblico era attentissimo, non si sentiva volare una mosca, nonostante gli spettatori avessero raggiunto la folle cifra di 15.000 presenti.

La performance fu trasmessa sulla rete nazionale e in mondovisione, per la durata di un'ora, ma dal vivo proseguì per altri 40 minuti, regalando al pubblico altri emozionanti ed esclusivi brani, tra cui "*Mamma*". Il pubblico era molto coinvolto e sul finale una grande *standing ovation* mi riempì il cuore.

Erano anni che aspettavo questo momento, riuscendo a trasmettere tutto quello che avevo dentro di me.

Al termine del concerto, la festa continuò: distribuii foto e firmai autografi, mentre i gitanti del "Fan's club" mangiavano le prelibatezze preparate dalla Pro Loco e Giorgio con la chitarra intratteneva il gruppo cantando le più popolari canzoni di musica leggera.

Io non sentivo stanchezza, né caldo... Stavo vivendo un sogno meraviglioso.

Verso il tardo pomeriggio il gruppo lasciò la piana; oramai i tecnici avevano smontato tutto e anche gli orchestrali erano rientrati a casa. Io e la famiglia Nosenzo rientrammo in paese e con Maria Grazia e suo marito Nando continuammo i festeggiamenti per la buona riuscita della giornata, brindando con un fresco Moscato d'Asti offerto da sconosciuti vicini di casa, che poi diventarono grandi fan's e amici: Renata e Ivo di Novi Ligure.

Il giorno successivo lasciai Pontechianale con un "arrivederci", perché anche lì tra le montagne ho messo un piccolo mattone di questa mia carriera, dove il Concerto di Ferragosto rappresenta sicuramente uno dei momenti più emozionanti di tutti questi anni.

LA MIA TERRA

Il successo del *Concerto di Ferragosto* lasciò dentro di me non solo una grande emozione, ma anche la voglia di organizzare un evento simile nel mio amato territorio: il Monferrato.

Un concerto all'aria aperta in mezzo alla natura non è cosa da poco, soprattutto dal punto di vista organizzativo: prevede infatti l'affitto di un palco, l'amplificazione dell'orchestra e degli artisti, l'incognita del meteo e tante questioni logistiche da risolvere.

A ciò si aggiunge il fatto che sarebbe stato un evento mai realizzato prima, quindi era necessaria una promozione capillare. Insomma, una bella sfida che ho avuto il piacere di condividere con l'orchestra di Asti. Un grande aiuto arrivò anche dai quattro paesi dell'Unione Collinare Valle Versa che, attraverso le Pro Loco, organizzarono una piccola sagra con piatti tipici che le persone potevano degustare comodamente seduti sull'erba.

Realizzammo il concerto nel tardo pomeriggio di una tiepida domenica di inizio giugno, sulla collina che unisce Castell'Alfero e Calliano, vicino alla cascina di proprietà di mio padre, che ebbe la brillante idea di caricare i musicisti dell'orchestra di Asti su un rimorchio trainato dal trattore e accompagnarli così sul palco.

Fu un vero *coup de théâtre*!

Io invece distribuivo cappellini gialli per ripararsi dal sole e venni accompagnato al palco con una macchina elettrica, simile a quelle che usano i giocatori di golf per spostarsi nei vari campi.

Il pubblico era seduto a terra, sui "balot" di fieno o sulle coperte che avevamo consigliato di portare; i bambini giocavano a pallone, le persone si potevano alzare liberamente e godersi il panorama intorno. Davvero un pomeriggio di festa.

Con l'accompagnamento dell'orchestra eseguii famose arie d'opera, romanze del '900 insieme a una giovane artista locale, Giulia Virelli.

Fu davvero un bel concerto adatto a tutti, amanti dell'opera e non: i presenti superarono quota 3500. Una cifra incredibile se si pensa che era un evento nuovo.

Sicuramente un'esperienza da ripetere!

Sebbene il mio lavoro mi porti a vivere anche per settimane o addirittura mesi lontano dal mio paese, la mia casa è sempre qui, tra le verdi colline del Monferrato. Solo qui trovo il giusto riposo dopo lunghi periodi nelle metropoli; solo qui, tra il profumo dell'erba appena tagliata e il canto degli animali, mi sento davvero a casa.

Proprio per il legame che mi unisce al mio territorio, cerco di favorire e sostenere attraverso la mia arte la sua promozione, mettendomi a disposizione di enti locali, come la Provincia di Asti, che spesso organizza eventi e iniziative per far conoscere le nostre splendide ricchezze.

Un evento a cui ho partecipato, e che ha avuto grande risonanza, fu un concerto all'interno delle incantevoli Cattedrali sotterranee, le cantine storiche di Canelli, riconosciute dall'Unesco Patrimonio dell'umanità.

Il progetto si chiamava "*Langhe-Roero, Monferrato: un Patrimonio per nulla virtuale*", organizzato a distanza di un anno dall'avvenuto riconoscimento Unesco. Un progetto rivolto ai cittadini, ai giovani e a tutti coloro che volevano conoscere queste magnifiche realtà che, oltre a una serie di iniziative realizzate con i giovani e per i giovani, ha previsto come manifestazione finale la realizzazione di quattro eventi nelle "cattedrali sotterranee". Il "galà in cantina" si sviluppò su diversi momenti e orari, per offrire al pubblico la possibilità di assistere a rotazione agli spettacoli, oltre che visitare le bellissime Cattedrali e lasciarsi tentare dalle degustazioni.

Io mi esibii in due *recital* tra una *barrique* di *Barbera*, una damigiana di moscato e un "brindisi" dalla "*Traviata*"!

Devo dire però che l'amore che provo per la mia terra è ricambiato. Nel corso della mia carriera ho avuto il piacere e l'onore di essere stato insignito di premi e riconoscimenti da autorità del nostro territorio, che hanno compreso il mio impegno nella promozione, attraverso il mio canto e per questo hanno voluto rendermi omaggio.

È il caso dell'Ordine dei Cavalieri delle terre di Asti e del Monferrato o dell' Associazione Nazionale Polizia di Stato.

O ancora del Comune di Roccaverano e del ristorante "*Gener Neuv*" di Asti.

Proprio da quest'ultimo ottenni il mio primo riconoscimento. Il rinomato ristorante stellato, infatti, per molti anni indisse un premio riservato alle promesse nel campo culturale, sportivo, medico o musicale. Il signor Piero Fassi, titolare del locale con la moglie Pina, decise di consegnare a me tale premio nell'estate del 2009, in una serata in cui si sarebbe svolta una cena sontuosa con la degustazione dei loro piatti più raffinati, intervallati da brani del mio repertorio. Da due anni provavano a coinvolgermi, ma nel 2007 ero impegnato con la *tournée* in Giappone, mentre nel 2008 mi trovavo a Saint Moritz.

Sebbene nell'estate 2009 fossi in Engadina per cantare "*Il barbiere di Siviglia*" al Maloja Palace, riuscii a inserire la partecipazione alla serata tra una prova e l'altra.

Con l'accompagnamento al pianoforte del maestro Carlo Caputo, interpretai tre arie: una di *Rossini*, una di *Donizetti* e una di *Mozart*, in modo da offrire un assaggio generale della mia vocalità. Ricevetti un piatto in argento appositamente aerografato con il mio nome e al termine della cena salutai i numerosi ospiti astigiani e ritornai in Svizzera, sempre grazie all'amico Sandro che si prestava da autista.

Grazie alla segnalazione di Renzo Gai, ovvero il mio dentista e membro dell'"Ordine dei Cavalieri delle terre di Asti e del Monferrato", nel dicembre 2016 venni insignito del titolo di "cavaliere". Da tempo, infatti, mi parlava di questa associazione che si propone di scoprire, conservare ed esaltare usi, costumi e tradizioni popolari delle terre di Asti e del Monferrato, valorizzando vini, operando per l'incremento del turismo, salvaguardando il folclore e la conoscenza del patrimonio culturale storico e gastronomico del Piemonte.

La cerimonia si svolse all'interno della casa natale di *Vittorio Alfieri*, tragediografo natio di Asti, che visitai con molta attenzione dopo la recente riapertura.

Nell'ottobre 2018 ottenni un altro inaspettato riconoscimento dall'Associazione A.N.P.S. sezione di Asti, Associazione Nazionale Polizia di Stato, che mi ha nominato "Socio onorario", grazie all'interessamento di Mimmo Mastria, concittadino di Castell'Alfero. Fui veramente lusingato di ricevere questo riconoscimento e di incontrare il Questore di Asti, Alessandra Faranda Cordella, amante della cultura e in special modo dell'opera lirica.

Considero questi riconoscimenti un segno di gratitudine da parte della mia terra, che amo immensamente e che non dimentico mai. Ma a volte mi chiedo: merito tutto ciò?

Il mio è semplicemente un dono.

"OPERA IN JEANS"

Ripensando al percorso artistico fatto fino ad ora, devo dire che mi sento realizzato: ho il privilegio di calcare palcoscenici importanti, debuttare in ruoli prestigiosi, incontrare e collaborare con professionisti affermati e, cosa non da poco, ho la fortuna di avere una bellissima famiglia al mio fianco, due meravigliosi cani che mi accolgono sempre con affetto e posso gestire il mio tempo secondo i ritmi più appropriati.

Nonostante questo, sento dentro di me una sorta di irrequietezza artistica, un'indole che mi spinge sempre alla creazione di nuove formule di spettacolo, una continua ricerca di stimoli frizzanti.

Penso di aver ricevuto in dono un talento importante, la mia voce, e ritengo che in qualche modo debba restituire questa dote agli altri attraverso la promozione di eventi culturali e la diffusione dell'opera lirica a un ampio pubblico, per combattere quel concetto di nicchia che si porta dietro questo genere musicale.

In particolare, sono attento alla mia realtà territoriale, al mio paese, alla mia città, alla mia provincia. Il legame con la mia terra d'origine è molto forte: vivere in un luogo a misura d'uomo, in una città che offre stimoli, scorci suggestivi e propone manifestazioni di richiamo a livello nazionale è appagante anche per un'anima cosmopolita come la mia.

Fin da ragazzo, la mia mente era un vulcano di idee: creavo spettacoli, scenografie, rappresentazioni di vario genere. Non tutti capivano e apprezzavano la mia *verve* artistica: ero preciso, a tratti autoritario, pensavo "in grande" anche quando si trattava di organizzare una scenetta per coinvolgere i bambini dell'estate ragazzi. Nel corso degli anni non sono cambiato: continuo a pensare e ideare nuovi espedienti per avvicinare il pubblico alla cultura, in particolare al mondo della Lirica.

Ecco perché mi guardo sempre intorno, cerco spunti e stimoli anche all'estero, come accadde ad esempio durante una lezione di canto a Barcellona con il maestro Raul Giménez, quando conobbi un baritono madrileno che, parallelamente alla carriera lirica, avviò un percorso in ambito televisivo come presentatore di un programma culturale chiamato "*Opera en Jeans*". L'idea era quella di presentare in chiave leggera al grande pubblico le trame dei melodrammi, offrendone una lettura fresca, utilizzando termini semplici e di facile comprensione, con l'obiettivo di avvicinare gli spettatori al teatro. Una trasmissione inserita in una programmazione commerciale, ma allo stesso tempo culturale e di grande impatto: in questo modo quella fetta di pubblico restia a entrare in teatro, o con pregiudizi nei confronti della Lirica, poteva essere accompagnata alla scoperta ed educata all'ascolto di un genere che in realtà è affascinante e coinvolgente.

Subito trovai geniale l'idea, molto vicina a quello che fin dall'inizio della mia carriera mi proponevo di fare. Non possedevo però i mezzi o le opportunità per poter fare una proposta di questo tipo alla televisione italiana, ma soprattutto avevo già in mente di utilizzare quell'idea in modo diverso.

Con un gruppo di giovani ragazzi musicisti creai una *rock band*, con cui interpretavo le più famose romanze italiane degli anni '50, '60 e '70 in chiave moderna. Una voce tenorile in mezzo a ragazzi che imbracciavano chitarre elettriche, batteria, basso e vestivano seguendo la moda giovanile: lo spettacolo "*Opera in Jeans*" stava prendendo forma.

Proprio in quel periodo, la Regione Piemonte, con il supporto del Consiglio dei ministri, aveva indetto un bando di concorso per la realizzazione di uno spettacolo musicale in cui un professionista del settore doveva accompagnare e seguire un gruppo di giovani musicisti nell'ideazione di uno *show* innovativo.

Anche in questo caso, ero al posto giusto nel momento giusto: avevo l'idea in tasca e le carte in regola per strappare uno dei premi. Partecipammo quindi al concorso anche grazie al sostegno della Provincia di Asti e vincemmo un gettone che ci permise di acquistare un pianoforte elettronico a tasti pesati per iniziare una serie di concerti in giro per i paesi della Provincia di Asti. Uno spettacolo che ha riscosso alto gradimento per la capacità di svecchiare le romanze grazie a un ritmo "rockettaro". In questo modo siamo riusciti a unire un pubblico adulto, amante delle classiche canzoni d'altri tempi, con quello giovanile, appassionato a ritmi duri. A completare il *format*, l'eccezionale presentatore Pierluigi Berta.

Oggi purtroppo il progetto "*Opera in Jeans*" è in *stand by*: dopo una serie di meravigliose serate, anche a Riccione, e l'incisione di un CD, abbiamo dovuto sospendere le performance per via degli impegni di studio e di lavoro che hanno portato ognuno di noi a vivere o studiare in città diverse, soprattutto all'estero. Il nostro sogno è comunque quello di ritornare alla ribalta, con un nuovo repertorio e la stessa voglia di far ballare il pubblico sulle note ritmate di "*Mamma*" o "*Volare*".

Non potremo più avere con noi Pierluigi Berta, purtroppo.

Io e Pier ci eravamo conosciuti all'epoca del mio servizio civile in Provincia. Allora poco più che trentenne, lavorava presso gli uffici della cultura e collaboravo con lui nell'organizzazione dei soggiorni marini per anziani. La sua intraprendenza e vivacità catturarono da subito la mia attenzione.

Io e Pierluigi diventammo grandi amici e si stabilì una fiducia reciproca. Nel corso degli anni abbiamo lavorato insieme in tantissime occasioni, dando vita a numerosi spettacoli: lui in qualità di attore e presentatore, io ovviamente come cantante.

Pier è stato un aiuto fondamentale per il progetto di "*Opera in Jeans*" e per tutta una serie di concerti che ho realizzato in Piemonte, coinvolgendo il pubblico con le sue simpatiche presentazioni, sempre adeguate al contesto. Un uomo colto, un attore, una presenza scenica disinvolta, ma soprattutto la professionalità e la preparazione sempre adeguate alla situazione.

Disponibile e capace di risolvere ogni problema o emergenza, da quelle più assurde e inaspettate a quelle più semplici e banali. Aveva il dono dell'eloquio perfetto che lo portava ad avere sempre la parola giusta sulle labbra.

Ricordo i festeggiamenti per i 150 anni dell'unità d'Italia nel 2011; Pier organizzò e curò personalmente con il suo ufficio la manifestazione che si realizzò in una splendida Torino, con la partecipazione di numerosi artisti piemontesi, dislocati nelle vie e nelle piazze del centro per interpretare spettacoli di diverso genere per il pubblico riverso nelle strade e nelle piazze. Sebbene la serata fosse fresca e piovosa, io e l'attore Andrea Bosca, originario di Canelli, ci alternammo sul palcoscenico proponendo momenti di canto e di prosa, calamitando l'attenzione del pubblico e dando vita a uno degli spettacoli più intensi in tutta Torino, grazie anche all'abilità dell'estroso Pierluigi.

Pier ora presenta altri spettacoli, in cielo. La sua vita si è fermata, lasciando sconvolti tutti coloro, tantissimi, che hanno avuto il piacere e l'onore di incontrarlo.

Non ci sono parole per descrivere il dolore e l'incredulità di fronte a una perdita così difficile da affrontare.

La scomparsa di Pier mi ha fatto riflettere molto sull'importanza di apprezzare e ringraziare ogni giorno per ciò che abbiamo, smettere di pensare a "un'altra volta" o "domani": le occasioni vanno prese e vissute oggi e bisogna prendersi il tempo di dire alle persone che amiamo quanto le amiamo, finché abbiamo la possibilità di farlo davvero.

LA SOLITUDINE, IL SILENZIO E LA NATURA

"La solitudine è come una lente d'ingrandimento: se sei solo e stai bene, stai benissimo; se sei solo e stai male, stai malissimo."

(Giacomo Leopardi)

Da piccolo ho sempre giocato da solo, amavo moltissimo le costruzioni con i Lego e conservo ancora nella soffitta di casa scatoloni pieni di mattoncini colorati: villaggi, comando dei pompieri, caserma della polizia, fattorie e tantissimi altri edifici che creavo grazie alla mia fervida immaginazione. Oggi la Lego propone costruzioni di ogni genere, ma a metà degli anni '80 ero io a ricreare attrazioni di ogni tipo, come il Luna Park, anche con l'ausilio di oggetti non facenti parte della dotazione danese, ma che richiamassero il più possibile le attrazioni di un parco divertimenti.

Un semplice trenino diventava una adrenalinica montagna russa; ho anche ideato la giostra con le catene. La mia fantasia galoppava e il mio stare da solo anche. Gli amici della mia borgata con cui potevo trascorrere del tempo amavano solamente giocare a calcio o a *Balön Cit,* una sorta di calcio in miniatura con una palla piccola, porte ridotte e quattro giocatori in campo. Non amavo per niente il calcio; dopo pochi minuti la mia respirazione era già affannata. Amavo di più la pallavolo, ma nessuno giocava con me e non c'erano campi adibiti a essa.

In mio soccorso, nei pomeriggi d'estate, arrivava il Grest (gruppi estivi) organizzati a Calliano da don Luigi Venezia, il parroco che mi ha battezzato: tutti i giorni dalle 16.00 alle 19.00 venivano proposte tantissime attività per i bambini, sport, giochi di gruppo e un'ora dedicata ai compiti. L'indimenticabile don Luigi è stato il *factotum* e il regista di estati memorabili, e ricordo con nostalgia le serate trascorse seduti sulle scalinate della chiesa, sotto l'enorme facciata in paramano bicolore.

La solitudine vissuta e provata da piccolo caratterizza ancora la mia vita di oggi: anche nel mio lavoro continuo ad essere una persona sola.

Sebbene sia inserito all'interno di produzioni, con tantissime persone che lavorano per ottenere uno spettacolo eccellente, il mio lavoro da solista mi porta a trascorrere molto tempo in solitudine e a ritrovare dentro di me quelle sensazioni che provavo quando costruivo edifici con i Lego, chiuso nella mia cameretta. La solitudine la vivo e la ricerco non solo nella mia professione. Per esempio, amo andare in vacanza da solo, studiare da solo, pensare e scrivere da solo. Forse è una forma di egoismo o di voglia di libertà da vincoli imposti da altri, ma dedico questi momenti alla riflessione o allo studio di nuovi progetti e formule artistiche.

Dopo la produzione di "*Le Comte Ory*" di *Rossini* in Svizzera, durata più di cinque faticosissimi mesi, andai in vacanza - da solo - sull'isola di Lanzarote: era gennaio, dopo le festività natalizie, quando la gente rientra al lavoro e le Canarie si svuotano dal turismo di massa. Giravo per l'isola deserta di turisti e mi sentivo "padrone" dei luoghi, di me stesso, del tempo.

La solitudine porta con sé il silenzio.

Una delle mie principali virtù, infatti, è saper stare in silenzio.

Anche quando guido tendo ad ascoltare poco la radio. Preferisco pensare e riflettere su nuovi progetti, sulle arie da studiare o ripassare a mente le agilità delle nuove opere da mettere in repertorio.

Parlo molto quando sono in pubblico, mi piace il dialogo, sono curioso e non mi nascondo neanche di fronte ad argomenti "tabù". Amo e cerco sempre il confronto con gli altri, mi tengo aggiornato e mi documento. Adoro il rapporto con le persone, le contaminazioni che nascono dallo scambio con altri popoli: il mio lavoro mi ha abituato ad avere a che fare con persone di tutte le nazionalità.

Ma passo anche molto tempo in silenzio.

Nel mio lavoro, la voce ha bisogno di riposare, l'orecchio ha bisogno di sospendere l'assunzione di suoni e impedire la vibrazione *per simpatia* delle corde vocali.

Quando sono in silenzio penso al mio futuro, agli errori da non commettere più per continuare questo percorso; penso ai personaggi che ho incontrato finora lungo il mio cammino, a quello che mi hanno insegnato, ma anche agli incontri meno costruttivi e deludenti. Penso a coloro che hanno tentato di ostacolarmi o non hanno creduto in me: più di altri, sono per me uno sprone a fare di più e meglio, a non mollare, un invito a "crederci sempre, arrendersi mai".

C'è un luogo, in Piemonte, dove non c'è campo e il cellulare non squilla mai; il fiume Pesio echeggia tra le vallate cuneesi e proprio qui, nel 1173, i frati costruirono quello che negli anni è diventato il mio rifugio: la Certosa di Pesio. In questo luogo, dove i Padri della Consolata continuano ancora oggi la loro missione, vengo da quando avevo 5 anni. Qui ritorno per respirare il ricordo di quando ero bambino e ricaricarmi dopo grandi impegni lavorativi o quando devo riflettere su una scelta importante. Andare alla Certosa di Pesio mi permette di immergermi completamente nella natura, che amo tantissimo.

Fin da bambino sono stato abituato al contatto con la natura, gli animali, in particolare il bestiame e i piccoli animali da cortile. Per intenderci, so bene cosa vuol dire "Non mettere le mani nella gabbia dei conigli quando hanno i cuccioli".

Trovo che ci sia qualcosa di magico nel guardare il calendario e seguire le lune per decidere quando piantare un ortaggio, consultare il meteo per il taglio del fieno o la potatura delle viti e irrigare nelle ore notturne per aspettare il raffreddamento della terra.

Il contatto con la natura è una risorsa essenziale per me, ha effetti benefici per mantenere stabilità e calma interiore, permettendomi di distrarmi e staccare la mente dal lavoro.

La Valle Versa, area in cui si trova il mio paese, è una distesa di colline e pianure alle porte di Asti in direzione Casale Monferrato. La valle prende il nome dal torrente Versa che qui scorre; nel 1968 fece le bizze e tanti compaesani ricordano con dolore l'alluvione che colpì la vallata. È una zona molto verde, ricca di campi, boschi e piante da tartufo, colline pettinate dai vigneti e, sebbene ci siano periodi di grande siccità, è ricca d'acqua. Nel mio cortile ci sono ben due pozzi che mi permettono di irrigare campi, prati e ovviamente il mio orto.

Amo coltivare l'orto che fu di mio nonno Camillo e provo molta stima nei confronti di quei giovani che decidono di dedicare la propria vita al lavoro della terra. Mio padre dice sempre che "Contadini si nasce, non si diventa!". E ripetendo questa frase, mi fa notare la diversità di un'aratura realizzata da un figlio d'arte, rispetto a quella di uno che si è un po' improvvisato sul trattore.

Il mio orto è molto semplice, ecosostenibile e rispettoso della natura. Mio padre ogni anno mi prepara il terreno con il residuo di cavallo, nient'altro. Non conosco pesticidi o prodotti chimici: preferisco utilizzare i vecchi rimedi di una volta, tramandati da mio nonno, capaci di farti ottenere gli stessi risultati senza però danneggiare il creato. Per esempio, per evitare che le lumache mangino l'insalata utilizzo la cenere della stufa che conservo durante l'inverno; la lumaca, sentendo il terreno asciutto, non raggiunge la pianta. Oppure pianto le patate lontano da tutto il resto per evitare che i loro parassiti vengano a contatto con le altre piante; o ancora, pianto i peperoni in una zona ombreggiata per evitare che il sole bruci l'ortaggio ancora verde.

Il lavoro del cantante lirico mi porta ad essere per molto tempo fuori casa, ma cerco di organizzarmi per dare vita ogni anno al mio orto. La cosa di cui vado più fiero è quella di avere il primo raccolto di zucchini in primavera, grazie alla serra costruita e orientata a sud. In essa a marzo pianto insalata e zucchini: ad aprile ho la primizia! Se pensate che gli ultimi riesco a raccoglierli a fine ottobre, rimango solamente 5 mesi senza verdura fresca!

Per fare l'orto ci vogliono tanta buona volontà e passione, ma la fatica e il sacrificio sono ampiamente ripagati dal risultato finale.

Trovo interessanti parallelismi tra la vita di un artista, che sia cantante o pittore, e quella dei contadini. Penso alla fatica e all'impegno per preparare il campo alla semina; penso alla tristezza di un agricoltore quando in primavera la grandine distrugge il raccolto o la siccità non permette di avere una qualità eccelsa. La mia fatica e il mio impegno sono lo studio; la mia “grandine” è un’audizione senza esito positivo, la mia “siccità” è non riuscire a ottenere un ruolo ambito; il mio “buon raccolto” è avere al fianco sul palcoscenico colleghi che diventano amici e di fronte a me un pubblico soddisfatto.

Ecco, la mia corda vocale è proprio come una pianta che va curata giorno per giorno: bagnandola dalle arsure del canto, allenandola come una potatura al fine di ottenere un buon raccolto ed estirpare la malerba che produce note stonate.

Nel corso della mia vita professionale mi è capitato di pensare di trasferirmi in grandi città, magari all’estero dove l’opera lirica è molto apprezzata. Ma alla fine ho sempre desistito perché l’amore per la mia terra è infinitamente più grande, e avendo una mentalità flessibile e un grande spirito di adattamento sono sempre riuscito a gestire i miei ingaggi, rimanendo a vivere nel mio piccolo paese di provincia, dove le fonti di ispirazione certamente non mancano.

ROSSINI A CASTELL'ALFERO

...E da solo e in silenzio, ho ideato la rassegna "*Rossini a Castell'Alfero*", una *kermesse* musicale composta da quattro concerti sviluppatisi nei primi mesi del 2018, per offrire un omaggio tangibile al mio paese in occasione dei miei 40 anni e, allo stesso tempo, celebrare l'autore pesarese *Gioachino Rossini* a 150 anni dalla sua scomparsa.

Non potevo organizzare una classica festa di compleanno: gli invitati sarebbero stati troppi e il cortile di casa mia non poteva contenerli tutti!

Ho così creato una "manifestazione di compleanno": con "*Rossini a Castell'Alfero*" tutti sono stati invitati, senza nessuna esclusione.

Quattro appuntamenti musicali di diverso genere, dal repertorio Sacro all'operistico, in orario pomeridiano o serale, in primavera o estate, formativi, istruttivi, piacevoli: ognuno poteva scegliere di partecipare alla performance più adatta alle proprie esigenze lavorative, familiari, personali.

Nei 5 spettacoli, a cui hanno partecipato oltre mille persone, sono stati coinvolti 65 artisti, oltre a un nutrito gruppo di amici volontari che si sono occupati dell'organizzazione logistica dei diversi appuntamenti e che hanno contribuito alla realizzazione di una manifestazione che ha avuto echi in tutto il Piemonte.

Oltre al festeggiamento del mio compleanno, ho ideato la manifestazione perché preferirei essere ricordato da vivo piuttosto che da morto e voglio vedere la reazione delle persone guardandole negli occhi, offrendo loro gratuitamente la possibilità di avvicinarsi ad un genere musicale spesso di nicchia, attraverso spettacoli a "chilometro zero", appassionarli al genere per poi proporre rappresentazioni nei grandi teatri.

È triste per me entrare nel Camposanto di Castell'Alfero e vedere le lapidi di persone che hanno contribuito a rendere migliore il nostro paese e che oggi sono completamente dimenticate, ovviamente non dai propri cari, ma da tutti coloro che hanno tratto piacere incontrandoli nella loro vita.

Questo stesso destino, probabilmente, un giorno toccherà a me, ma prima di cadere in quell'oblio, vorrei farmi conoscere e ricordare da vivo.

Qualche tempo fa ho letto un articolo su "*La Repubblica*" che parlava di Giorgetto Giugiaro, il famoso imprenditore e *designer*, che ha voluto festeggiare il suo 80° compleanno a Garessio (CN), il suo paese d'origine, donando alla comunità un quadro e condividendo con essa i più bei ricordi della sua infanzia.

Io voglio questo. Voglio regalare bellezza e cultura. Cerco la parte creativa per cambiare la vita.

IO E LA TELEVISIONE

Oltre all'amore per l'opera lirica e il palcoscenico teatrale, ho una grandissima passione per il mondo della televisione.

Le produzioni televisive mi affascinano. La creazione dei *format*, la vita in studio, il bello della diretta, l'apparire davanti alle telecamere: ogni aspetto mi strega.

Ecco perché ho più volte preso parte a trasmissioni televisive, in modo da poter entrare, seppure per poco, in quella macchina organizzatrice.

È per esempio il caso de "La prova del cuoco" di Antonella Clerici o "Market Kitchen", condotto da Pupo. Ma anche il "Festival di Sanremo" e altre trasmissioni di Rai e Mediaset.

Partecipare a programmi televisivi o vivere il set di pubblicità mi ha fatto capire quanto sia rigoroso e preciso il mondo del piccolo schermo, proprio come quello del teatro.

Un lavoro fatto di collaborazione, dialogo, litigate, incomprensioni, sottili incastri che hanno l'obiettivo di creare un prodotto per lo spettatore, che sia un telegiornale, un reality show o uno spettacolo di varietà.

Soprattutto quando si trasmette in diretta, tutto deve essere studiato e provato alla perfezione: ognuno ha un compito ben definito e se qualcuno dimentica anche il più piccolo passaggio, può causare problematiche che poi, come le tessere del domino, ricadono sugli altri.

Lo stesso vale per il lavoro in Teatro, tutto in diretta, e chi è seduto davanti a noi è prezioso tanto quanto chi è alle nostre spalle e prepara l'allestimento.

Questo capitolo è dedicato a tutte le persone che pensano che la televisione sia solo luci e lustrini: sono tantissime le persone che ogni giorno lavorano con serietà e passione per regalare a chi è a casa un momento di piacere, di divertimento o di informazione.

La prima volta che ho messo piede a Roma è stato a Saxa Rubra, in un programma di Rai International che presentava i paesi del Monferrato, i loro usi e costumi. Giovanissimo, con molti capelli e lo sguardo da bravo ragazzo, venni chiamato per promuovere le tipicità del mio paese.

Se ripenso alla mia vita fino ad ora, credo di non avere alcun rimpianto, ma di sicuro avrei voluto puntare di più sul piccolo schermo. Nonostante ciò, non perdo certo le speranze: Ornella Vanoni è salita sul palco del Teatro Ariston a 84 anni con una voce salda e un timbro caldo e armonico. Perché non posso farcela anche io?

Ma forse… come qualcuno ricorderà la nota trasmissione degli anni 60, "non è mai troppo tardi!"

Detto Fatto

Primavera 2013, Innsbruck, camera d'hotel.

Ho appena concluso una prova di assestamento al Tiroler Landestheater per riprendere "*Il barbiere di Siviglia*", dopo l'emergenza del dicembre 2012. Il giorno dopo ho la pausa, quello successivo, lo spettacolo.

Consultai casualmente il sito della Rai e scoprii che erano ancora accessibili i provini per la trasmissione "Detto Fatto" condotta da Caterina Balivo ogni pomeriggio su Rai 2. Una trasmissione seguita principalmente da un pubblico femminile, casalinghe impegnate nei lavori di casa oppure persone sole o anziane che trascorrono il tempo in compagnia della TV.

Gli aspiranti concorrenti dovevano indicare qualcosa che non sapevano fare nella vita domestica: cucinare un piatto particolare, riordinare un armadio, smacchiare un capo di abbigliamento, creare un piccolo orto sul balcone ecc...

Mi iscrissi subito. Dissi che non sapevo attaccare un bottone o rammendare un calzino. Tutto vero: datemi una vanga e zappo l'orto, un panno e pulisco casa, una soffitta da sgomberare e so da dove iniziare. Ma il calzino bucato, no!

Inviai la richiesta a mezzanotte e un quarto e il giorno dopo alle 10:30 mi chiamarono dicendo che erano intenzionati a vedermi a Milano. Arrivai nella sede Rai di corso Sempione: era la prima volta che varcavo quei tornelli, anche se in realtà avevo già visto la struttura su alcune foto pubblicate nel libro di Edmondo Conti "*La versione di Mike*" dedicato al famoso presentatore Mike Bongiorno. Non eravamo in molti, giusto una manciata di persone; dal provino uscii soddisfatto perché ero riuscito a raccontare di me e della mia vita con freschezza e semplicità. Nel frattempo, partii per Parigi, direzione Eurodisney… Fondamentalmente sono ancora un bambino! Tra una montagna russa e quintali di zucchero filato ricevetti la telefonata della redazione Rai: provino superato!

Nei giorni successivi mi aspettavano in studio, dove avrei dovuto restaurare delle sedie; spostai quindi il volo del rientro da

Bologna a Milano e mi preparai alla diretta.

La signora Balivo fu molto simpatica nella conduzione del siparietto con il *tutorial*, che durò oltre i classici quindici minuti. Un buon tempo di visibilità in cui riuscii, tra fogli di cartavetro e tinte colorate, anche a cantare la prima strofa dell'aria "*Un'aura amorosa*".

È il caso di dirlo: la mia partecipazione al programma è stato proprio un "Detto, Fatto"!

Market Kitchen

Durante il periodo di "*Maometto II*" all'Opera di Roma nel marzo 2014, ho preso parte come pubblico al programma di Rai 1 "La prova del cuoco". Amo molto la cucina: quando sono a casa, mi piace invitare amici a cena e dilettarmi nella preparazione di piatti tradizionali o ricercati. Ho anche creato "Pane, amore e sinfonia", una rubrica culinaria su *Iviglia Channel,* il mio canale *YouTube*, dove poter trovare ricette e scoprire aneddoti culinari sulle abitudini di compositori e cantanti lirici. Cercai il numero dell'addetto alla selezione del pubblico che mi diede appuntamento presso gli studi Rai, alla Dear, in via Ettore Romagnoli, oggi chiamati Studi "Fabrizio Frizzi".

Quando fui dentro, mi svincolai dal gruppo del pubblico per andare alla ricerca di Carola, direttore esecutivo della trasmissione e amica in comune con un collega musicista che, sapendomi negli studi Rai, mi chiese di portarle i suoi saluti. Con lei parlai del motivo che mi tratteneva a Roma, ossia il mio ingaggio all'Opera, e le chiesi se per "La prova del cuoco" avessero bisogno di un cantante tenore avvezzo ai fornelli. Carola, incuriosita, mi fissò un provino il giorno successivo. Era un lunedì mattina: lo ricordo bene perché tutti i parrucchieri erano chiusi e io volevo aggiustare il mio taglio per avere un aspetto più telegenico e ordinato. Trovai un parrucchiere egiziano aperto sette giorni su sette presso la stazione di autobus di Cornelia. Il giorno del provino partii con largo anticipo per via di uno sciopero dei mezzi pubblici.

A differenza delle audizioni in teatro, durante le quali c'è sempre un po' di tensione e al termine mi pongo mille domande sull'intonazione, su com'è venuto l'acuto e tante altre questioni, al provino in Rai entrai con la testa diritta, come mi suggerì il regista Michael Hampe a Pesaro durante un'altra produzione di "*Maometto II*" al "*Rossini Opera Festival*". La chiacchierata servì per scoprire che la stessa produzione de "La prova del cuoco" stava confezionando per l'estate 2014 un nuovo programma sulla cucina. La Rai, infatti, aveva ricevuto un forte contributo dal Ministero dell'Agricoltura per ideare una trasmissione che rilanciasse i mercati rionali e la cucina con prodotti non preconfezionati. I concorrenti dovevano utilizzare solamente alimenti acquistati al mercato.

Carola si avvalse durante il provino della collaboratrice Manuela, sorella di Giobbe Covatta e responsabile del nuovo programma. Dopo una ventina di giorni ricevetti la comunicazione della buona riuscita del provino e la conferma della registrazione della puntata pilota, viste le mie doti attoriali e la mia disinvoltura davanti alle telecamere e al pubblico, flessibilità e velocità nell'apprendere un copione fecero il resto. Queste competenze sono molto utili al giorno d'oggi nel mio lavoro: con budget ridotti a disposizione e con poco tempo per allestire spettacoli, le produzioni tendono ad affidarsi a persone con grande elasticità mentale e preparazione.

Nei primi giorni di giugno venni convocato a Firenze per iniziare le riprese di "Market Kitchen" con la simpatica conduzione di Pupo.

È stata una esperienza divertente, sebbene sia stata l'altra concorrente a vincere.

Il mio battesimo | Calliano M.to (AT) 10 dicembre 1978 con i nonni: Giovanni e Giuseppina Iviglia (sx) | Anna Maria Giuliana e Camillo Pippione, Renata e Mario (centro)

Esame V elementare | Macelleria di famiglia | Giugno 1988

Nonno Camillo | Estate 1987

Il primo concerto con il Coro polifonico Astense | Fubine (AL)
Luglio 1996

Teatro Real di Madrid | Il viaggio a Reims
Aprile 2010

XXIX Concerto di Ferragosto | Chianale (CN) | Agosto 2009

Io e Vadim al porto di Genova | Giugno 2000

Teatro Verdi Trieste | Il mondo della luna (Paisiello)

Aprile 2006

Reparto parrucco Teatro Malibran | L'occasione fa il ladro
Venezia, ottobre 2012

Sala trucco Teatro Donizetti | Betly | Bergamo, Ottobre 2015
R. Ivaldi Make-up

Theater Regensburg | La Cenerentola | Luglio 2016

Piccolo Teatro Regio | L'Elisir d'Amore | Maggio 2019
©photo E.Piva

Il barbera di Iviglia (Il barbiere di Siviglia) | Vigneti Ferrato
©Photo Enrico Magri

Il barbiere di Siviglia | Stadttheater Würzburg | aprile 2018

Il barbiere di Siviglia | Teatro La Fenice, Venezia
Febbraio 2010, Settembre 2011, Febbraio 2018
©Photo M. Crosera

Teatro alla Scala | L'Italiana in Algeri | Luglio 2011

Recital con la signora Katia Ricciarelli | Castagnole Lanze (CN)
Agosto 2015 - ©merfe photo

Il Manager teatrale Beatrice Ferraro e il Maestro di canto Sherman Lowe nei camerini del Teatro Sociale di Rovigo, al termine della recita di Don Pasquale | Febbraio 2015

Le Comte Ory | Theater Biel e tour svizzero | Settembre 2015

Il viaggio a Reims | Opera di Roma | Giugno 2016
© Photo Yasuko Kageyama

Lo Speziale (Haydn) | Opéra de Chambre de Genève

Giugno 2013

La Prova del cuoco

Dopo una settimana, trascorsa con lo staff della Rai che curava le registrazioni della trasmissione "Market Kitchen", il rapporto con tutti gli operatori era disinvolto e ottenni i loro recapiti. Il desiderio di partecipare come concorrente a "La prova del cuoco" era ancora vivo in me e, dopo le riprese a Firenze, inviai allo *staff* una busta con alcuni miei CD e fotografie autografate. Finalmente un bel giorno arrivò la telefonata di convocazione per un provino per la trasmissione: eravamo oltre cinquanta.

Entrai in una sala con altri ventitré aspiranti concorrenti; dodici si misero a destra e dodici a sinistra: tutti dovevano sostenere il provino l'uno davanti all'altro, per scelta del direttore del *casting*. Con me c'erano persone di tutti i tipi, dalle esperte massaie che sfoderavano ricette e rapidità di esecuzione di una impeccabile cucina, a persone in cerca solo di visibilità e totalmente inesperte ai fornelli. Feci il provino in un hotel a Torino, durante una calda giornata di fine giugno 2015. Passarono molti mesi prima di risentire qualcuno, fino a quel fatidico venerdì 11 marzo, rimasto memorabile per diversi motivi.

Il giorno prima mi trovavo a Maastricht nei Paesi Bassi per sostenere un'audizione che per altro andò male per via di un terribile raffreddore e, a causa di una minaccia di attacco terroristico, i mezzi di trasporto su rotaie vennero interrotti; dovetti allora raggiungere velocemente l'aeroporto con un mezzo su gomma, con il rischio di perdere l'aereo. Avevo però l'assoluta necessità di essere ad Asti la mattina seguente, l'11 marzo appunto, per presenziare alla conferenza stampa di lancio del Campeggio di Roccaverano. Al termine della conferenza, ricevetti la telefonata di Anna, l'autrice de "La prova del cuoco" che si occupava di tutte le biografie dei concorrenti e le presentazioni puntuali durante la trasmissione, che mi confermò la buona riuscita del provino e mi convocò per il lunedì successivo a Roma per le riprese. Terminata quella telefonata, ne ricevetti un'altra, terribile, da mia madre, che mi avvisava di un grave incidente accaduto a mio padre durante lo spostamento di rotoloni di fieno presso la nostra cascina in campagna.

Mio padre era stato travolto e schiacciato da un enorme rotolone di fieno caduto inavvertitamente da una pila. Stravolto, distrutto, influenzato, raccontai il fatto a Paola Caldera che, sebbene avesse l'ufficio pieno di gente per via della conferenza stampa, mi accompagnò al pronto soccorso dove mio papà arrivò dopo pochi minuti.

La situazione era piuttosto grave: aveva entrambi i femori espulsi dal bacino, otto costole rotte e lo zigomo sinistro fratturato. Nonostante ciò, mio padre era lucido e reagiva agli stimoli. Non so se si può parlare di miracolo o se un Santo ha voluto proteggere Mario: insomma, il giorno seguente nonostante le numerose fratture, mio padre mostrava già leggeri segni di miglioramento.

Sono stato indeciso fino all'ultimo se partire o meno per Roma: il colloquio positivo con i dottori che si dimostravano molto ottimisti sulla piena ripresa, seppur lunga, delle normali funzioni e la presenza costante di mia mamma al suo fianco, mi hanno infine fatto propendere per la partenza. La degenza di mio padre fu interminabile, impiegò più di due mesi a ristabilirsi completamente.

Durante l'ultima puntata della trasmissione raccontai dell'incidente e vista l'imminenza della Festa del Papà, conclusi la mia avventura a "La prova del cuoco" con un grosso augurio per la sua guarigione da parte di tutto lo studio.

Lo spot Melinda

Il 5 settembre 2014, Giancarlo Caremoli, mio agente di TV e cinema, mi propose un provino per una pubblicità di un rinomato *brand*, senza entrare troppo nei dettagli. Feci il *casting* in una Milano ancora deserta per via delle vacanze estive, ma alcune agenzie pubblicitarie iniziavano a selezionare personale poiché il mese di settembre offre colori pastello e luci adeguate alle riprese in esterna, particolarmente adatte alle esigenze televisive.

Mi presentai al provino; agli attori era richiesto di cantare il famoso *jingle* della più nota marca di mele italiane: Melinda. Con il testo davanti e con l'obiettivo della telecamera puntato sul volto cantai il motivetto, una prima volta in chiave lirica e una seconda con la voce meno impostata.

Nel giro di qualche giorno ricevetti la notizia del buon esito del provino. In quei giorni mi trovavo a Bergamo per le recite di "*Betly*", ma fortunatamente riuscii a incastrare le prove del costume per lo spot e ottenere un giorno di permesso dal teatro per poterlo girare. Lo spot sarebbe andato in onda su tutte le reti di Rai e Mediaset a partire dal febbraio dell'anno successivo.

Il 15 febbraio 2015 mi trovavo a Rovigo per cantare il ruolo di "Ernesto" nell'opera "*Don Pasquale*" di *Gaetano Donizetti*, con la regia di Francesco Bellotto, ex direttore artistico di Bergamo, colui che mi diede il permesso di recarmi a Milano per le riprese della *réclame*. Era sabato sera; su Rai 1 trasmettevano la serata finale del Festival di Sanremo e otre 10 milioni di italiani erano davanti al televisore in attesa di conoscere l'esito della *kermesse* canora. Io ero già a letto da un paio d'ore per riposare in previsione della seconda recita domenicale, quando poco dopo la mezzanotte andava in onda per la prima volta lo spot del nuovo marchio di Melinda. L'impatto mediatico fu incredibile: il giorno dopo ricevetti messaggi e chiamate da parte di amici e conoscenti, alcuni addirittura mi fermavano per strada per un *selfie*.

È stupefacente come tante persone mi ricordino più per la comparsata in uno spot di trenta secondi che per gli importanti debutti in palcoscenici affermati.

È proprio vero: una mela al giorno crea il *business* intorno!

Applausi, la vita è scena

La chiamata finalmente arrivò! Dopo le mie comparsate in studio, accompagnando una collega e presentandomi alla redazione come cantante lirico di repertorio rossiniano, venni contattato per partecipare alla nuova trasmissione "Applausi, la vita è scena".

Ho sempre saputo che nessuno sarebbe venuto a casa mia a suonare il campanello chiedendomi di fare il mestiere che faccio; mi sono sempre dovuto inventare e proporre. Quindi se non mi fossi dato da fare non avrei sicuramente conosciuto chi si occupava del programma, chi radunava ospiti per la puntata e neanche il bravo regista Giuliano Falzone, che seppe valorizzare il mio volto con strepitosi primi piani.

Il programma veniva registrato nello studio in cui Bruno Vespa conduce "Porta a Porta", ma non era previsto pubblico in sala, ed erano assenti le famose poltrone bianche *Frau* disposte a semicerchio. Dietro alle telecamere solo i tecnici e gli accompagnatori. La scenografia mobile presentava gigantesche foto di cantanti lirici del passato, mentre i *monitor* trasmettevano le interviste di persone annunciate da Napoli o Venezia; in realtà erano sedute dietro le quinte dello studio davanti ad un telo verde che permette di scorporare la figura e di applicare digitalmente un'immagine o un panorama di qualsiasi città.

Mi chiamarono il giorno prima della registrazione e mi spiegarono velocemente lo svolgimento della puntata: avremmo parlato della differenza tra la vocalità dei due colossi, *Rossini* e Wagner. Subito dopo il programma di Marzullo sarebbe andato in onda il capolavoro "*Tristano e Isotta*". La prima cosa che feci fu documentarmi approfonditamente su Wagner, che non fa parte del mio repertorio, in modo da poterlo confrontare correttamente con il mio amato e conosciuto Rossini.

L'indomani riferii subito al noto conduttore, serio e attento ad ogni cosa, perfino alla posizione delle poltrone di fianco a lui, che non avevo mai cantato Wagner, anche per evitare domande sconvenienti che potevano farmi tentennare nelle risposte, causando problemi nella registrazione. La puntata si concluse egregiamente, ed ebbi anche l'opportunità di conoscere due colleghi che cantano opere del romanticismo tedesco. Nel giugno 2018, la direzione del programma mi ha chiamato per parlare de "*La Clemenza di Tito*", ma purtroppo, per incompatibilità di appuntamenti, non ho potuto prender parte alle registrazioni. Stessa cosa accadde nel giugno 2019: mi contattarono nuovamente per parlare dell'opera mozartiana Die Zauberflöte (Flauto Magico), ma dovetti rinunciare poiché mi trovavo a Giessen, in Germania, per le prove di "Barbiere di Siviglia" e non fu possibile concordare una data che andasse bene a tutti.

Perché Sanremo è Sanremo

Sanremo è una città che ispira e porta con sé una grande tradizione musicale e artistica, che è storia e costume del nostro Paese. Basti pensare a tutti i Festival della canzone italiana, prima trasmessi alla radio, poi in TV, prima dal Casinò e successivamente dal Teatro Ariston. Oltre ad essere una città aperta, ha una lunga e meravigliosa pista ciclabile che congiunge i paesini limitrofi; costruita sulla vecchia ferrovia, è ricca di chioschetti ricavati nei vecchi caselli, dove puoi trovare ristoro o semplicemente prendere una pausa, leggere o scrivere un libro…

Nel 1999, a 21 anni, le mie idee professionali non erano ancora pienamente definite: svolgevo il praticantato presso un geometra di Asti per l'acquisizione della firma all'albo, studiavo Architettura e, da un anno, avevo iniziato gli studi in Conservatorio. Avevo però un chiodo fisso: salire sul palco dell'Ariston. All'epoca internet era all'inizio della sua espansione e mi collegavo alla linea fissa di mio nonno con il *router*, isolando il suo telefono e impedendo alle sue amiche di telefonargli per una chiacchierata.

Iniziai a navigare in rete, in cerca di informazioni utili, finché trovai un interessante provino in provincia di Varese. Si trattava delle selezioni per "Sanremo Lab", la scuola di formazione propedeutica alla selezione delle Giovani Proposte. Non erano ancora gli anni dei canali *YouTube* con cui si potevano scaricare basi o provare brani con molta facilità. Dovetti quindi appoggiarmi al magazzino musicale "Merula" di Cherasco (CN) dove recuperai dei dischetti con le basi incise per provare i brani da presentare. Scelsi "*Con te partirò*" di Andrea Bocelli. Superata la prima audizione, mi proposero di frequentare per due mesi, ottobre e novembre, l'Accademia di formazione a Sanremo. C'era però un ostacolo molto difficile da superare: essendo iscritto al Conservatorio, dovevo avere un permesso artistico speciale rilasciato dal direttore per poter partecipare a concorsi o concerti. Non arrivai neanche a chiederlo.

Riflettendoci bene, compresi che un corso di musica leggera come “Sanremo Lab” sarebbe andato in contrasto con il corso di studi classici iniziati in Conservatorio.

Così decisi di seguire il mio istinto, e con immenso dispiacere telefonai all’Accademia sanremese per ritirarmi. Essendo a numero chiuso, con il mio ritiro ripescarono un candidato inizialmente escluso: mi sono sempre chiesto chi potesse essere e se il mio posto gli portò fortuna… Se tornassi indietro lo farei, per diversi motivi: primo perché ho capito successivamente e sulla mia pelle che devi provare in prima persona a realizzare una cosa, diversamente non puoi capire se è corretta o meno. Non devo farmi influenzare da altri, devo seguire il mio istinto, il mio intuito artistico: se sbaglio sarà solo colpa mia e ne pagherò le conseguenze.

Il secondo motivo è legato alle esperienze fatte successivamente; ho capito con il tempo infatti che avrei voluto che il mio canto fosse un mezzo per raggiungere platee immense e di vario genere.

Ecco il perché del mio continuo ritornare a Sanremo: per cercare una seconda possibilità, ma temo oramai che quel treno, con biglietto di prima classe, sia andato perso.

Sanremo 2

Estate 2005. Mi trovavo a Pesaro per frequentare l'Accademia rossiniana e con i colleghi si parlava del concorso per voci liriche "Franco Alfano", indetto dall'Orchestra Sinfonica di Sanremo, la medesima che suona tutt'oggi al Festival della Canzone italiana. Restai subito colpito da uno dei premi in gara: la possibilità di partecipare alla rappresentazione di un'opera e un concerto trasmesso da Rai 1, oltre a un compenso in denaro. Mi iscrissi immediatamente.

L'opera in concorso era "*Il barbiere di Siviglia*" e, a metà settembre, con un clima da fine estate, arrivai nella città dei fiori. Ogni concorso ha le sue modalità: alcuni organizzatori chiedono di poter ascoltare prima le registrazioni degli artisti per fare una preselezione, altri, invece, preferiscono incontrare i cantanti di persona. In questo caso si partecipava direttamente, dopo aver effettuato una semplice iscrizione. Se non ricordo male, il numero dei partecipanti si aggirava intorno alla cinquantina, e ogni giorno la gara portava ad una selezione, fino ad arrivare alla finale con due cantanti per ogni ruolo. L'emozione che si prova nel leggere il proprio nome nell'elenco degli idonei alla selezione successiva è un brivido freddo che scorre per tutto il corpo; a volte la tensione è talmente forte che, sebbene il tuo nome sia scritto chiaro e in ordine alfabetico, stenti a trovarlo e riconoscerlo.

Alla fine, vinsi il concorso.

Nella settimana successiva la *troupe* di Rai 1 registrò il concerto dei vincitori. Noi cantanti eravamo accompagnati dall'Orchestra Sinfonica, diretta dalla bacchetta del maestro Aldo Sisillo, mentre la serata era presentata da Maddalena Corvaglia, ormai promossa da velina a presentatrice.

Ovviamente non tutto poteva scorrere liscio e senza intoppi: sebbene fossi all'inizio del mio percorso artistico, un accavallamento di date precludeva la realizzazione del concerto, causandomi ansia e agitazione. Anche il soprano che interpretò il ruolo di Berta aveva lo stesso problema.

Nei mesi precedenti, infatti, eravamo entrambi stati scelti dalla Cappella Strumentale di Novara per andare a Los Angeles ad eseguire le musiche di "Suor Isabella Leonarda", in una rassegna musicale mondiale dedicata alle compositrici . Dalla musica afro a quella sacra, dalla popolare a quella metallica, la firma del pezzo era comunque e sempre di una donna. La partenza era proprio fissata per il giorno della registrazione del nostro concerto a Sanremo.

Fortunatamente, riuscimmo a ottenere dagli organizzatori il cambio del volo, nonostante fosse già fissato da mesi; così, non appena terminato il concerto, la mia collega ed io partimmo per Novara, dormimmo nei pressi dell'aeroporto di Malpensa, per partire il giorno seguente, felicissimi, per Los Angeles.

L'allestimento de "*Il barbiere di Siviglia*" venne invece prodotto dal Teatro Giocosa di Savona e realizzato nel Teatro del Casinò nel gennaio 2006.

L'idea di ritornare a Sanremo, soprattutto nel mese antecedente il Festival, mi dava molta energia. Quella era la mia prima produzione de "*Il barbiere di Siviglia*" ufficiale, in un teatro, con colleghi, orchestra e regia. Per fortuna, ho trovato una compagnia goliardica, un hotel con vista mare e un'orchestra con voglia di divertirsi e far divertire il proprio pubblico. Tutto questo ha contribuito a rendere ancora più memorabile quell'esperienza, che mi ha legato ancora di più alla mia amata Sanremo.

Sanremo 3

Nel 1967, Luigi Tenco, in occasione del Festival, interpretò sul palco del Casinò di Sanremo la famosa canzone "Ciao amore, ciao", abbinata alla cantante francese Dalidà.

Nel febbraio 2016 lessi su un sito di *casting* che erano indetti provini per la ricerca di attori cantanti per la realizzazione di un film da girare a Sanremo. L'impegno di pochi giorni e il clima mite della riviera dei fiori mi invogliarono a iscrivermi immediatamente.

Era richiesto lo *smoking* e un cambio d'abito degli anni '50 e '60. Li avevo entrambi: il primo lo uso spesso per i concerti; il secondo l'avevo recuperato in un baule pieno di vestiti polverosi, tra cui v'erano gli abiti che per anni ho indossato in occasione della sfilata del "Festival delle Sagre" di Asti.

La produzione doveva selezionare quattro persone che sapessero cantare e tenere il ritmo: arrivarono al *casting* oltre 600 domande. Inviai le foto richieste indossando gli abiti e la mia biografia.

Non so come e con quale criterio, ma alla fine scelsero il mio nome, insieme ad altri tre. Dovevamo interpretare niente meno che i coristi alle spalle di Tenco durante il Festival del 1967, per il film di prossima produzione "*Dalidà*", dedicato alla vita della cantante francese.

Quella fu la prima volta che salii sul palco dell'Ariston. Entrare nel *backstage*, vedere tutti i manifesti della gara canora e sapere quali e quanti meravigliosi artisti hanno calcato quel palco, mi emozionava non poco. Dopo una breve prova trucco, giunto sul palco, mi chiesi perché la produzione non scelse di utilizzare uno studio finto a Cinecittà, poiché il palcoscenico era allestito con gli stessi elementi che si sarebbero potuti montare in un qualsiasi altro luogo. Un ragazzo della produzione con cui entrai in confidenza mi spiegò che girare a Sanremo immergeva gli attori in un'atmosfera unica, permettendo loro di immedesimarsi meglio nel personaggio.

Aveva perfettamente ragione!

Il film uscì in tutto il mondo e il 15 febbraio 2017 venne trasmesso in Italia con un buon risultato di *share*: oltre 4 milioni i telespettatori, grazie anche al lancio effettuato la settimana precedente durante il Festival di Sanremo e alla presenza della splendida protagonista, Sveva Alviti.

Grazie a questa esperienza, presi contatti con i ragazzi che ogni anno lavorano al Festival e successivamente si concretizzò un'altra divertente esperienza sanremese. Come dice lo slogan, *Sanremo è Sanremo!*

Sanremo 4

Venerdì 2 febbraio 2018, di ritorno dal mio allenamento mattutino in palestra, ricevetti un messaggio da Romina, la responsabile Rai per la ricerca di controfigure e pubblico per il "Festival di Sanremo". Cercava quattro persone per le prove pomeridiane al Teatro Ariston, in vista del Festival che sarebbe iniziato la settimana successiva. Riuscii ad entrare in questi elenchi l'anno precedente, grazie al film "Dalidà", ma per via di una brutta influenza non potei raggiungere Sanremo edizione 2017. Considerata però la mia grande passione per la *kermesse* canora, ho continuato a inviare la documentazione.

Qualche settimana prima, verso metà novembre, Laura, una mia cara amica, mi chiese di punto in bianco se avessi mai visto il Festival come spettatore, così le spiegai dei problemi di salute dell'anno precedente che mi avevano impedito di partecipare. Questa chiacchierata, però, mi portò a riprendere i contatti con l'ufficio Rai, e a dicembre 2017 venni selezionato per partecipare alle prove e come pubblico a "Sarà Sanremo", la serata in diretta TV che porta alla selezione delle Giovani Proposte.

Anche in questo caso mantenni tutti i contatti e a gennaio continuai a confermare la mia disponibilità per il Festival 2018: venni scelto per la "Vita in diretta", il "Dopofestival" e due serate al Teatro Ariston. Era richiesto l'abito elegantissimo, ma quello non era per me un problema.

Come tante altre cose che ho fatto nella mia vita, non ero pienamente cosciente di ciò a cui andavo incontro.

Le prove pomeridiane di venerdì, sabato e domenica il *weekend* antecedente la manifestazione, si realizzarono sul palcoscenico del Teatro Ariston. Noi attori selezionati rappresentavamo le controfigure dei cantanti che si sarebbero esibiti nei giorni della gara, in diretta TV. In questo modo, la produzione poteva provare le luci, le inquadrature, l'audio, proprio come se si trattasse della diretta.

Nel caso dell'esibizione di una Nuova Proposta, il brano veniva fatto ascoltare, poiché già pubblico e uscito in radio nel mese di dicembre. Lo stesso non avveniva per i *Big*: dopo che il presentatore aveva lanciato cantante e canzone, si assisteva a un minuto di silenzio con finte inquadrature e prove luci, senza l'ascolto del brano che deve assolutamente rimanere inedito.

In quella settimana ho dormito pochissimo. Uscivo di casa alle 11.00 e rientravo alle 3:30, a notte inoltrata, al termine del "Dopofestival". Anche attraverso questa esperienza ho conosciuto gente nuova, simpatica, giovane, con cui ho scambiato impressioni e opinioni sulle canzoni, sulle scenografie, sul palco, sugli abiti, lasciandomi completamente contagiare dal clima festosamente magico che si respira in quei giorni, in quei luoghi.

Assistere al Festival seduto in platea è un'esperienza che mi porterò nel cuore per tutta la vita. Tantissime le emozioni, come quella di vedere aprire il sipario, scendere la scala gigante e ascoltare dal vivo il celeberrimo stacchetto musicale, ad altissimo volume, il tutto per la prima volta davanti a me, dopo averlo visto e sognato solo in TV. Non sono un appassionato di calcio, ma penso che per me tutto ciò sia stato come vincere un *derby* o il campionato.

Credetemi: sentire il "*Te Deum*" di Charpentier, inno dell'Eurovisione, prima dell'inizio della diretta è veramente unico, così come assaporare le note dell'orchestra o vedere cosa accade durante le pubblicità, o ancora avere una visione a 360 gradi del Teatro e non solo quella filtrata dall'obiettivo della telecamera.

Sebbene oggi siano molte le persone che ritengono "vecchio" questo spettacolo, preferendo *talent show* o altri *format*, per me il "Festival di Sanremo" rimane sempre un momento culturale della tradizione italiana.

Ho pubblicato sui *social* qualche fotografia e ho notato che, nonostante tutto, questa manifestazione è molto seguita e in grado di suscitare clamore. Ma non ho postato molto, in realtà.

Preferisco tenere questo ricordo dentro di me e richiamarlo alla memoria ogni volta che ne ho bisogno.

Questa grande e memorabile esperienza si è ripetuta per l'edizione del Festival 2019. Sono riuscito a partecipare a tutte e cinque le serate, seduto in platea a dare vivacità e sostegno alla *claque!*

INCONTRI

Uno dei tanti aspetti meravigliosi del mio lavoro è rappresentato dalla possibilità di incontrare continuamente nuova gente. Sono sempre stato affascinato dalle persone, dalle loro storie, dagli aneddoti di vita, dagli avvenimenti significativi. Per questo tendo a fare mille domande, a scavare sotto la superficie. Lo stesso mi succede con i personaggi famosi: sono attratto dalle loro storie, dal percorso fatto per arrivare al successo. Riesco sempre a trovare spunti interessanti per la mia carriera e la mia vita. Ecco perché sono molto contento di aver avuto la possibilità in questi anni di incontrare personaggi importanti e famosi, sia del mondo televisivo che del panorama culturale. Di seguito, alcuni ricordi di incontri significativi.

Papa Francesco

Nel corso della mia carriera sono stato più volte a Roma e tra le tante esperienze significative che ho vissuto nella capitale c'è senza ombra di dubbio l'incontro con il Santo Padre Papa Francesco, grazie all'intercessione di don Mauro Sobrino, astigiano di origine e parroco presso la sede Vaticana.

L'incontro avvenne mercoledì 2 aprile 2014. Ero molto emozionato: vedevo avvicinarsi quell'Uomo vestito di bianco, dalle origini astigiane e dallo sguardo curioso. Avevo il cuore che batteva forte, non sapevo cosa dire; ho però pensato che con una persona di animo così umile, la semplicità fosse buona cosa. Quando fu di fronte a me, gli dissi che ero astigiano e che mio papà, macellaio, acquistava i vitelli dal signor Delmo di Portacomaro.

Papa Bergoglio sgranò gli occhi ed esclamò a gran voce, tanto da attirare l'attenzione delle sue guardie del corpo: "È mio cugino!". Interessato e incuriosito, accettò con piacere il mio omaggio: un CD di "*Opera in Jeans*" realizzato con tutte le romanze che anche lui conosce, come mi disse leggendo con attenzione i titoli sul retro della copertina. Un incontro davvero toccante.

Io e Michelangelo. Soli

Essere a Roma non vuol dire solo opera o spettacoli di varietà al Sistina o al Brancaccio. Essere nella Capitale vuol anche dire visitare musei, scoprire architetture e chiese nascoste che raccolgono tesori e patrimoni indescrivibili. Tutto questo mi permette di rispolverare i ricordi della Facoltà di Architettura, sempre vivi nella mia mente.

Tornare a Roma è anche l'occasione per incontrare conoscenti e amici per un caffè o una passeggiata in un parco. Tra questi c'è Giuseppe, da anni baritono nel Coro della Cappella Musicale Pontificia Sistina. In uno dei miei soggiorni nella Capitale mi diede appuntamento per un saluto in Vaticano, in un tardo pomeriggio, per assistere ai Vespri.

Un'idea fantastica!

Grazie ai permessi, superai i controlli delle Guardie Svizzere senza problemi e, attraversando lunghi corridoi e ampi scaloni, ad un certo punto mi trovai davanti a uno dei più famosi tesori culturali e artistici che tutto il mondo ci invidia.

Eravamo soli: io, Giuseppe e lui, l'autore, Michelangelo.

Superammo il cancello che divide la sala, e mi lasciò solo mentre andava a cambiarsi prima di prendere posto nel loggiato del coro.

Così rimasi attonito sotto il Giudizio Universale. Incredulità e sbigottimento misti a meraviglia, ecco quello che ho provato.

Mi sono sentito infinitamente piccolo sotto quelle grandi braccia, sorpreso e quasi disorientato, con il canto gregoriano del coro ad avvolgermi, il suono dell'organo nelle orecchie e io nell'immenso stupore di trovarmi dinnanzi a quel capolavoro.

Piero Angela

L'incontro con Piero Angela, inaspettato, avvenne per caso all'interno de "Il Caffè di Cinecittà", in un'atmosfera un po' incantata, come si respira in quei luoghi. La colonna sonora ideale poteva proprio essere l'"*Aria sulla quarta corda*" di Bach, conosciutissima sigla di "Quark".

Mentre mi trovavo a girare in cerca di ispirazione per Cinecittà, dove la finzione sembra più vera della realtà, incontrai casualmente l'illustre scenografo Dante Ferretti che avevo conosciuto pochi mesi prima al Teatro San Carlo durante l'inaugurazione di stagione: sua era la scenografia della produzione di "*Otello*" di Rossini. In quel momento uscì dal bar Piero Angela, che si avvicinò allo scenografo: erano a Cinecittà per registrare delle puntate estive di "Super Quark". Ebbi così l'onore di poter stringere la mano allo storico presentatore e divulgatore scientifico, facendogli gli auguri per le sue bellissime 90 primavere.

Pippo Baudo

In televisione, se pronunci il nome “Mike” rispondono “Bongiorno”; se si nomina “Raffaella” parliamo della “Carrà”; se dici “Pippo” non può che essere lui: Pippo Baudo!

Ho avuto il piacere di conoscere Pippo Baudo durante la registrazione della puntata “Serata d'onore” nel dicembre 2008, quando accompagnai un collega baritono che prese parte alla trasmissione a indirizzo musicale operistico. Non esisteva ancora Rai 5 e la Lirica in televisione era centellinata. Il buon Pippo, tinto di mogano, il lungo passo a giraffa e l’inconfondibile tono di voce, ebbe l’idea di portare in TV un concorso lirico in modo da diffondere l’opera tra il pubblico di massa.

Avevo davanti il maestro della televisione italiana: un uomo colto, studioso, con una preparazione precisa in ogni dettaglio; un linguaggio forbito, adeguato in ogni circostanza e capace di salvare anche le situazioni più imbarazzanti per non interrompere la registrazione. L’impressione che ne ebbi fu che nulla era lasciato al caso, l’ambiente era altamente professionale e tutti i collaboratori erano preparatissimi: ogni lancio di pubblicità non era motivo di pausa o chiacchiericcio tra colleghi, ma occasione per il *team* di Pippo di radunarsi per verificare il registrato e preparare il blocco successivo.

La sua severità e la sua organizzazione del lavoro sono decisamente riscontrabili nel mondo del teatro.

Mi è capitato spesso di lavorare con registi e Direttori d’orchestra molto stimati, divenuti famosi proprio grazie alla loro severità e al loro puntiglio, che han fatto sì che gli spettacoli fossero di prima schiera.

Baudo era il *leader,* ma allo stesso tempo un *mister* coinvolgente, empatico; con la regia di Gino Landi, adeguata in ogni inquadratura, la squadra era vincente.

Durante questa esperienza capii che solo attraverso il rigore di un vero imprenditore dello spettacolo, capace di instaurare rapporti professionali basati sul rispetto e la fiducia, si potevano ottenere eccellenti risultati.

Ho rivisto Pippo Baudo a Sanremo al Festival 2018, durante un suo monologo a telecamere spente: il pubblico in delirio. Lui ringraziò dicendo: “Tenete questi applausi per dopo!”. È stato fino a ora l’unico a ottenere l’ovazione del pubblico in modo naturale, sincero e senza l’aiuto del capoclaque.

Forza Pippo, non mollare!

La TV ha ancora bisogno della tua intelligenza.

Claudio Bisio

Al termine della prima di "*Otello*" al "*Rossini Opera Festival*" di Pesaro, venne organizzata una cena di gala con numerosi ospiti. Ogni artista poteva portare un accompagnatore e decisi di invitare uno dei figuranti dello spettacolo, Alessandro Fiori, caro amico e bravissimo pubblicitario. Mi confronto spesso con lui quando la mia mente produce idee creative per avere un parere da un esperto del settore. Pensavo quindi che Alessandro fosse la persona giusta e appropriata per accompagnarmi alla cena di gala: appassionato di teatro, creativo ed estroso al punto giusto, amante della compagnia.

Il caso volle che al nostro tavolo, giovanile, goliardico e slegato da certi protocolli, sedesse il famoso comico Claudio Bisio. Dopo i classici convenevoli, Bisio si è lasciato andare in simpatiche battute e ha allietato la serata, chiacchierando in modo piacevole e mettendo tutti a proprio agio. Abbiamo anche scoperto che è di origini piemontesi: la sua città natale, Novi Ligure, è una di quelle che frequento maggiormente per lavoro, poiché vive lì il mio fidato pianista, maestro di spartito, Andrea Campora.

Antonella Clerici

La regina del mezzogiorno, la Signora della TV dei giorni nostri: simpatica, ironica, disinvolta. Con la sua semplicità, Antonella Clerici è uno dei personaggi televisivi più amati dal pubblico italiano, popolare sia per la longevità della trasmissione "La prova del cuoco" che per il suo Sanremo, rimasto impresso per la protesta dell'orchestra con lancio degli spartiti al termine del verdetto finale.

A differenza degli altri artisti televisivi che ho incrociato, ho avuto il piacere di conoscere la Clerici un po' più approfonditamente durante la settimana della mia partecipazione a "La prova del cuoco" come concorrente. Al ritorno da Roma erano molti a chiedermi come fosse, se si presentasse davvero così "alla buona" come appare in televisione.

Antonella Clerici è innanzi tutto un'artista che sa guidare bene il suo mezzo: arriva un'ora prima della trasmissione e intorno a lei si concentra immediatamente uno *staff* composto da parrucchiere, truccatori e due autori fidati che confezionano la puntata del mezzogiorno. Saluta tutti in modo disinvolto e si rifugia nel suo camerino per prepararsi alla puntata. Entra ed esce dallo studio attraverso una porta scenica non inutilizzata da altri, per evitare incontri e scontri, deconcentrazione e intoppi. Appena lanciato il TG1 delle 13.30, ritorna in camerino, inforca la sua enorme Luis Vuitton e se ne torna a casa. Una cosa che mi colpì molto fu il gran baccano che si sentiva in studio: chiacchiericcio, rumore di piatti e pentole, inevitabili in una trasmissione di cucina. Ma la Clerici, da grande madrina della trasmissione, andava avanti imperterrita senza lasciarsi distrarre da niente, leggendo il gobbo che aiutava a ricordare i nomi dei concorrenti, gli ingredienti dei piatti o altri suggerimenti di copione che cambiavano ogni giorno.

Flavio Insinna

Tra le mie partecipazioni come pubblico alle trasmissioni televisive posso annoverare anche quella ad "Affari tuoi" di Rai 1, presentata da Flavio Insinna.

Grazie al mio amico Nicola che lavora a Rai 5, conobbi Valentina, assistente al noto programma dei "pacchi". Erano gli ultimi anni della conduzione di Insinna e mi incuriosiva assistere alla registrazione delle puntate, ma soprattutto scoprire ed entrare nel famoso Teatro delle Vittorie, conosciuto per aver ospitato per molti anni il varietà del sabato sera "Fantastico", nonché molte altre trasmissioni di grido degli anni '80 e '90 della rete ammiraglia Rai.

Ogni pomeriggio venivano registrate tre puntate, e per ottenere sempre il posto in prima fila adottai la strategia di portarmi diversi cambi di abito, in modo rimanere in *pole position* quando, al termine di una puntata, il pubblico viene mischiato per far sembrare che le puntate avvengano in momenti diversi. Lo stesso fanno i concorrenti: cambio di abito e di pacchi. Il secondo giorno di riprese, notando che Valentina era completamente afona, le portai un sacchetto di caramelle al miele Ambrosoli, comprate nella famosa drogheria Castroni in via Ottaviano.

Al termine della trasmissione, aspettai Insinna per un saluto: in studio eravamo rimasti solo io, lui e un suo fidato autore. Quindi scoprii che al termine della registrazione delle tre puntate il presentatore e il suo assistente fanno un *briefing* sul successivo concorrente da convocare in studio, analizzando i *curricula*, valutando le caratteristiche emerse durante il provino in modo da alternare personalità diverse, capaci di mantenere sempre alta l'attenzione del pubblico. Nel suo modo di fare, Insinna mi ricordò molto Pippo Baudo: entrambi presentatori attenti e scrupolosi, che operano in prima persona per la buona riuscita del programma, senza mai spazientirsi. Insinna, come Baudo, assiste personalmente a tutta la costruzione dello spettacolo e questo probabilmente è uno dei segreti del successo di una trasmissione dal *format* di per sé semplice e lineare.

Mi piacerebbe partecipare come rappresentante del Piemonte: si salvi chi può, sono tutti pacchi tuoi!

Gino Landi

La prima opera che in assoluto ho cantato presso un vero ente lirico fu "*Il mondo della luna*" di Giovanni Paisiello al Teatro Verdi di Trieste nell'aprile del 2006: si trattava del primo contratto procuratomi dall'agente Oldani. Quando sostenni l'audizione, la pianista che aveva il compito di accompagnare i cantanti non si presentò all'orario stabilito e venne sostituita all'ultimo dal bravissimo collega Luca Dall'Amico che si trovava lì per accompagnare un'amica, anche lei cantante. Venne quindi chiesto a lui di suonare durante l'audizione, in modo da non rendere vano il viaggio di tutti i presenti fino a Trieste. Ogni volta che lo incontro in una produzione, ricordiamo sempre quel giorno un po' particolare: il suo accompagnamento al piano nell'aria "*Un'aura amorosa*" tratta dal "*Così fan tutte*" mi portò fortuna, e l'audizione si trasformò in contratto.

Imparai l'opera perfettamente: volevo dimostrare la mia professionalità al mio agente fin dal primo ingaggio. Inoltre, lo spettacolo era diretto dall'eccezionale maestro Filippo Maria Bressan, mentre la regia era affidata niente meno che al noto regista televisivo Gino Landi, che a Trieste spopolava per le famose Operette e per la messa in scena di numerosi Balletti.

Il maestro Landi è un bravissimo coreografo e regista che ha affiancato Pippo Baudo in molti spettacoli della Rai: averlo a capo della mia prima opera mi emozionava e mi spronava ancora di più a dare il massimo. Landi era riuscito a dare quel pizzico di vivacità a un'opera che di per sé non raccoglie particolare attenzione, ottenendo uno spettacolo delizioso e sobrio ma al contempo brioso, attraverso l'inserimento di numerosi balletti di cui aveva curato personalmente le coreografie.

Ulteriore motivo di emozione per me era dato dalla presenza al mio fianco di uno dei più apprezzati baritoni della lirica italiana, il maestro Bruno De Simone, che in occasione del mio “debutto” mi aveva tenuto a battesimo.

Ho rivisto il maestro Landi alcuni anni dopo a Cinecittà, con il suo sorriso e la sua nota assistente Cristina Arrò, anche lei piemontese: in quell’occasione si trovava a dirigere una regia televisiva, come sempre con l’abilità di un grande professionista.

Sandra Milo

Il Teatro dell'Opera di Roma ha un *appeal* tutto particolare. Il suo palcoscenico è stato calcato da cantanti che hanno fatto la storia del melodramma, e quelle mura sembrano ancora intrise della loro presenza. Ulteriore fascino è dato dal trovarsi nella Capitale, simbolo della nostra cultura, ricca di locali, musei e altri teatri di altrettanta importanza storica come il Sistina, il Parioli o il salone Margherita. Uno dei miei preferiti è il Sistina, anche per la sua collocazione nel cuore della città, che permette, una volta terminato lo spettacolo, di godere di una passeggiata a Trinità dei Monti oppure ammirare la stupenda Fontana del Tritone del Bernini in piazza Barberino.

Non da meno, il Teatro Arcobaleno in quartiere Nomentano, dove nell'aprile 2014 ho assistito ad un meraviglioso spettacolo con una straordinaria Sandra Milo, che rivisitava alcuni dei suoi cavalli di battaglia, con particolare riferimento all'amore cinematografico e teatrale nei confronti di Federico Fellini, a vent'anni dalla sua scomparsa. Lo spettacolo era a lui dedicato e si intitolava "*Federico... come here!*", con sottotitolo in dialetto riminese, quello della sua città natale, "A m'arcord Fellini". Lo spettacolo era molto elegante e si basava sul ricordo del noto regista, del suo mondo e dei suoi film, evocato dalla signora Milo, e presente sul palcoscenico sottoforma di spirito attoriale grazie all'interpretazione di un bravissimo attore.

L'attrice, seduta su una semplice poltrona nera, celebrava in modo affascinante e attraente le storie e gli aneddoti che hanno riguardato Fellini, dimostrando ancora oggi tutto lo *charme* e il fascino che hanno fatto di lei una grande diva.

Alba Parietti

Incontrai Alba Parietti a Sanremo 2018 in occasione del Festival a cui partecipai come controfigura e come pubblico delle diverse trasmissioni che ruotano intorno alla manifestazione canora.

Il primo incontro con la famosa artista avvenne durante le puntate del programma "La Vita in diretta". Ma potete immaginare tutto il mio stupore quando durante la seconda serata del Festival di Sanremo lo staff mi assegnò proprio il posto accanto a lei, in quinta fila. Per attirare la sua attenzione le dissi che ero originario di Asti, di un paese vicino a Tonco, località natale dei suoi nonni.

La signora Parietti mi fece un bel sorriso e durante la *reclame* conversava con me simpaticamente, tanto da suscitare anche la curiosità della sua amica e vicina di poltrona, che le chiese chi fosse questo giovanotto sconosciuto al mondo televisivo, con cui dialogava così allegramente. Immancabile il *selfie* con la più provocante e affascinante icona degli anni '80. Sui *social* i miei amici si scatenarono e potete ben immaginare il perché...

Calma ragazzi: non lasciatevi prendere dall'entusiasmo di fare un *touch* sullo schermo del vostro telefonino!

Cristina Parodi

Uno dei personaggi televisivi che più mi ha impressionato per la bravura e la preparazione è la giornalista Cristina Parodi.

L'ho conosciuta in occasione della puntata di "Domenica in" andata in onda la domenica successiva la chiusura del Festival di Sanremo 2018. Elegante e bella, di quella bellezza naturale, acqua e sapone, annunciava i titoli delle canzoni, i nomi dei cantanti e degli autori, proponeva domande agli ospiti, il tutto senza cartellina e senza gobbo.

La signora Parodi sapeva tutto a memoria e immancabilmente mi colpiva molto la disinvoltura con cui si muoveva sul palco dell'Ariston: una donna estremamente colta e sicura del mestiere che faceva. Prima di chiederle l'autografo, le ho esteso i miei complimenti e non ho resistito a chiederle come mai non utilizzasse un supporto cartaceo per aiutare la memoria. Lei mi rispose molto semplicemente che è costretta a imparare tutto a memoria perché è miope, ma non vuole indossare occhiali o lenti a contatto o leggere su un gobbo.

Proprio come la Callas!

Katia Ricciarelli

"Dammi un foglio di carta e passami una biro".

Si appoggiò alla porta del camerino prefabbricato a lato palco e mi chiese con voce autoritaria: "Tu cosa canti?".

Poi ripeté la stessa domanda all'altro artista.

La signora ribadì che tutto doveva essere rigorosamente a memoria.

Katia Ricciarelli, grande artista della Lirica con numerosi successi alle spalle a partire dagli anni '70, è senza dubbio una donna di polso. Ha l'immensa capacità di mantenere lo sguardo del pubblico fisso al palcoscenico, anche interpretando semplici romanze o una preghiera trascritta in canto.

Il concerto che eseguii con la signora Ricciarelli rappresenta senza dubbio una serata indimenticabile. Davanti a noi un pubblico arrivato da tutto il Piemonte, in occasione del famoso Festival "Contro" che si realizza ogni anno a Castagnole Lanze (AT), patria e città natale del gruppo "I Nomadi", proprio per ricordare i suoi fondatori Augusto e Daniele. Quando in teatro arriva un artista di fama mondiale l'aria diventa rarefatta e si respira immediatamente un'atmosfera diversa, al limite del sacro. Così accadde con Katia Ricciarelli quel giorno: quando arrivò ai piedi del palco con la sua eleganza e il suo fascino, mi percorse un brivido lungo la schiena. Non potevo assolutamente sbagliare nulla.

Eseguii "*Granada*". Mi annunciò proprio lei e, concedendomi il palco, mi bisbigliò all'orecchio: "Cantala come la cantava lui...", riferendosi al famoso tenore Josè Carreras.

Duettai con la Ricciarelli su "*O sole mio*". La mia bocca era più asciutta del deserto, salivazione a zero: la voglia di far bene era infinita e si equilibrava con la paura di sbagliare. Dovevo eseguire le due strofe, mentre la Ricciarelli si sarebbe intervallata nel famoso ritornello. Dopo l'introduzione del pianista, l'emozione mi giocò uno dei più brutti scherzi della mia carriera: un *lapsus* generale, un vuoto di memoria incredibile. Sulla prima strofa della canzone più famosa al mondo, eseguita ovunque e da chiunque, dimenticai le parole. Credo di essere l'unico tenore al mondo ad aver detto pubblicamente: "Mi sono emozionato, non ricordo la strofa". Pensavo che la Ricciarelli mi avrebbe strangolato con le sue mani, invece le usò per stringere le mie e dire: "Facciamogli un applauso, per fortuna ci sono ancora persone capaci di emozionarsi!".

Grazie Katia, mi hai salvato e hai reso memorabile quella splendida serata estiva!

Paolo Rossi

Partii dall'Argentina il 15 agosto 2010 verso l'ora di pranzo. Tredici ore di volo, con arrivo previsto alle 7.00 a Roma Fiumicino. Un viaggio interminabile; non riuscii a prendere sonno perché per me era pieno giorno, sebbene le hostess ci invitassero ad abbassare lo scuro dei finestrini, le luci fossero soffuse e la musica soporifera. Arrivai in Italia stravolto, a causa di una forte emicrania. A Roma presi un treno per Spoleto.

Il Teatro Sperimentale mi chiamò per completare i cast in vista della stagione autunnale e ritornai ad abitare nel convento di Suor Chiara. Appena sistemato mi coricai e dormii fino al giorno dopo alle 16.00, orario di inizio delle prove. Il Teatro aveva programmato "*Il matrimonio segreto*" di Domenico Cimarosa, con la direzione del maestro Daniel Martínez Gil e la regia del noto attore Paolo Rossi. Avevo studiato l'opera in primavera perché prima dell'Argentina andai in Giappone con il Regio di Torino, quindi avevo dovuto prepararmi per tempo.

Lo *showman* Rossi è uno dei tanti personaggi dello spettacolo che si prestano alla regia operistica per dare un loro taglio e lettura al melodramma, come anche il comico Antonio Albanese nell'opera "*Don Pasquale*" al Teatro Filarmonico di Verona e il redattore Alfonso Signorini nella "*Bohème*" a Torre del Lago Puccini. Il Teatro decise di chiamare una figura di spicco dal punto di vista mediatico per calamitare l'attenzione del pubblico e dare risalto ad un titolo poco programmato e allestito.

Un esperimento riuscitissimo!

Paolo Rossi è stata una persona deliziosa, si è avvalso di un collaboratore preparatissimo dal punto di vista musicale e ha dato una sua interpretazione al libretto basandosi molto sulla psicologia del personaggio, senza creare eccessive strutture scenografiche, ma puntando proprio sulla relazione che c'è, per esempio, tra i due protagonisti "Paolino" (tenore) e "Lisetta" (soprano). Inoltre, durante lo spettacolo, vennero inseriti attori cadetti preparati dallo stesso Rossi durante un laboratorio teatrale realizzato a Spoleto: idea vincente, perché al giorno d'oggi il cantante non deve solamente avere una bella voce, ma deve essere il frutto di un'unione artistica tra canto, arte scenica e piacevole presenza sul palcoscenico.

Fabio Rovazzi

Un cantante lirico, ovviamente, non ascolta solo musica sinfonica o arie d'opera. Amo molto la musica leggera: per distrarmi dal mio genere ascolto soprattutto Giorgia, Max Pezzali e Jovanotti, ma adoro anche i Beatles e Madonna.

D'estate, poi, mi lascio rapire dai soliti "tormentoni" che imperversano in radio. Così capitò anche nell'estate 2016, quando il *boom* di Fabio Rovazzi con la celeberrima "*Andiamo a comandare*" contagiò tutti.

A ottobre dello stesso anno mi trovavo a Milano dal pianista Marco Borroni per preparare un'audizione per il ruolo di "Isacco" ne "*La gazza ladra*" da sostenere alla Scala. Rientravo dal secondo viaggio in Canada nel giro di due mesi; ero appena atterrato a Malpensa, il *jet lag* e il lunghissimo viaggio mi avevano provato non poco, ma non potevo permettermi di riposare perché i giorni erano contati: dovevo iniziare a leggere il ruolo e memorizzare la melodia.

Mi recai subito dal mio pianista e, dopo una lezione estenuante, uscendo dall'edificio, mi accadde quello che tutti i ragazzini avrebbero sognato: dal cancello di fianco stava arrivando proprio Fabio Rovazzi!

Ad attenderlo in strada un'auto con tre persone all'interno. Non ho saputo resistere: ho urlato il suo nome per fermarlo e strappargli un *selfie*. Quando gli dissi che ero un cantante lirico appena arrivato dal Canada mi guardò come se fosse uno scherzo. Giusto il tempo di qualche parola, due foto, e un commento sulla sua canzone in grado di distogliermi dalla quotidianità della lirica. Questo incontro mi ha spinto a informarmi maggiormente sull'artista, scoprendo che Fabio Rovazzi è regista di se stesso: tutti i video dei suoi successi sono personalmente disegnati da lui. I *videoclip* nascono inizialmente nella sua mente, per poi essere disegnati a mano su bozzetti che si trasformano in un copione-cartone animato: un artista a 360 gradi.

Rovazzi è stato a volte bersaglio della critica, accusato di produrre solo *canzonette*; penso però sia sempre meglio andare oltre la prima impressione, non fermarsi alla superficie e approfondire al meglio le proprie opinioni.

E questo è un suggerimento che va bene in ogni situazione: mai fermarsi alle apparenze.

Una mattinata con Milena Vukotic

Nel giugno 2017 mi trovavo a Roma per cantare al Teatro dell'Opera "*Il viaggio a Reims*" di *Rossini* con la straordinaria regia di Damiano Michieletto. Alcuni artisti della produzione vennero contattati dalla redazione Rai di via Teulada per registrare alcuni programmi notturni condotti da Gigi Marzullo, raccontando aneddoti su opere che avevano eseguito o facenti parte del proprio repertorio. Appena seppi che si sarebbero recati in trasmissione, chiesi di accompagnarli.

Dovevano registrare una puntata del programma "La vita è scena" con l'attrice Simona Marchini. Una trasmissione simpatica, ricca di aneddoti e di storie di vita. Dopo un paio di giorni, la mia collega Cecilia Molinari venne nuovamente richiamata e mi chiese di accompagnarla. Non esitai a confermarle la mia presenza!

Entrammo in via Teulada per la registrazione della trasmissione "*Testimoni e protagonisti*" dedicata al regista Franco Zeffirelli. In studio, insieme a Cecilia e ad altri personaggi del settore, c'era l'attrice Milena Vukotic, ospite nel programma per parlare del regista riguardo il Teatro di prosa.

La signora Vukotic è di una dolcezza infinita. Tutti la associano immediatamente al personaggio di "Pina", la moglie di Fantozzi timida e dimessa, o a "Enrica", la elegante moglie di nonno Libero nella *fiction* "Un medico in famiglia". Lei è così, come la si vede in TV o in un film. Il suo tono di voce è riconoscibile tra mille; ha il dono di incantarti con il suo lessico forbito e lasciarti di stucco per la dizione perfetta. Non si scompone mai, nemmeno quando l'atmosfera si scalda. Durante una pausa raggiunsi la mia collega Cecilia e la signora Vukotic si intrattenne con noi giovani cantanti lirici; era molto curiosa, ci fece mille domande, ascoltandoci attentamente. L'esatto opposto della diva concentrata solo su se stessa e disinteressata al mondo che la circonda. Alla conclusione della mattinata, io, Cecilia e la signora Vukotic venimmo accompagnati a casa sullo stesso *transfert* e, visto che il dialogo era oramai disinvolto, l'istinto fu quello di invitarla ad una delle recite a teatro. Non esitò un attimo: ci scambiammo il numero di cellulare e nel pomeriggio già mi telefonò per chiedermi se avessi intuito quando sarebbe andata in onda la trasmissione. Durante la telefonata ci lasciammo andare a una lunga chiacchierata sulle nostre vite, le nostre professioni, confrontandoci sui nostri mestieri.

Fu davvero un incontro piacevole e delizioso: la Vukotic dovrebbe davvero essere un esempio per tutti coloro che vogliono avvicinarsi al mondo dello spettacolo.

Poco tempo dopo scoprii che era figlia di una pianista, studiò danza classica e fece parte del Grand Ballet du Marquis de Cuevas. Capii quindi perché era così interessata al nostro lavoro: chi proviene dal mondo del teatro si riconosce, subisce sempre il fascino del palcoscenico e lo ricerca per tutta la vita, anche attraverso una semplice chiacchierata con chi vive, o ha vissuto, quelle stesse esperienze.

MILLE LUCI

Nel 2016 ho creato su *Facebook* una rubrica chiamata "1000 luci", con l'intento di far conoscere alla gente il mondo del teatro, soprattutto il dietro le quinte. Ogni giovedì inserivo sulla mia pagina un post dedicato alle persone che lavorano fuori dal palcoscenico, raccontando il loro operato, l'importanza della loro professione e portando così alla ribalta il loro impegno, come segno di gratitudine verso coloro che non appaiono mai, ma che con la propria professionalità sono indispensabili per la buona riuscita di uno spettacolo.

Questo capitolo è dedicato a tutti i melomani e agli appassionati di teatro e opera lirica. Sebbene si possa acquistare un biglietto di prim'ordine in platea che garantisce un'ottima vista sul palco, nessuno di questi permetterà allo spettatore di andare dietro le quinte e assaporare la vera essenza di una produzione teatrale. Mi piacerebbe prendere i lettori sottobraccio e portarli proprio lì, dietro il sipario, tra le quinte, per parlare di quelle persone che non si vedono mai, ma che con il loro operato rendono possibile lo spettacolo.
Persone che lavorano anche di notte, che smontano le scenografie dello spettacolo appena terminato per allestire quelle nuove che si utilizzeranno il giorno successivo, gente che rivede tutto il parco luci in graticcia o prepara al volo nuovi costumi perché arriva in emergenza un cantante a sostituire un collega.
Questo è il mio modo per dire grazie a te che mi fai trovare gli oggetti e i requisiti pronti sul tavolone vicino all'ingresso del palcoscenico; a te che mi trucchi con delicatezza perché sai che uso le lenti a contatto; grazie a te che mi tieni largo il colletto della camicia perché sai che il bottone stretto per i cantanti è molto fastidioso. Semplicemente grazie a chi è negli uffici e coordina tutte le maestranze artistiche musicali, per regalare al pubblico un paio d'ore di svago, senza poter cambiare canale!

La sartoria

Molte volte al termine di un'opera lirica mi è capitato di sentire i commenti del pubblico: "Che bei costumi!".

Il merito? Un'esperta costumista e un'efficiente sartoria che insieme collaborano per gestire al meglio produzioni di altissima qualità e permettere al cantante di indossare con disinvoltura i vestiti di scena.

Può capitare che il regista disegni personalmente gli abiti di ogni ruolo e degli artisti del coro, oppure può decidere di avvalersi di professionisti. Un esempio: la straordinaria Cristina Aceti, o la creativa Laura Palumbo che ha realizzato abiti di carta per il Teatro La Fenice di Venezia.

La Sartoria è composta da un *team* affiatato, instaura un rapporto stretto con i cantanti sia durante le prove, sia nella vestizione in camerino o durante eventuali cambi in palcoscenico.

A dirigere il gruppo di lavoro, una responsabile che, ago e filo alla mano, coordina l'attività e prende le decisioni. Non posso non citare anche Laura Viglione che, con maestria, professionalità e infinita passione, dirige da anni la sartoria del Teatro Regio di Torino.

I camerini

Semplici, minimali, pochi metri quadrati, nuovi o un po' *demodé*, con vedute mozzafiato o relegati nei sotterranei; *parquet* in legno o grès; un armadio, un bagno, uno specchio, a volte un pianoforte. Ma, indipendentemente dalle loro caratteristiche, possiamo trovare al loro interno una grande energia e un pezzo di storia di ogni artista.

Sto parlando dei camerini.

Nel camerino ci si concentra, si studia, si legge, si ricevono fiori, si custodiscono foto e amuleti portafortuna, si accolgono i colleghi e gli ospiti, si riflette sull'esito della performance.

Ogni volta che si spengono le luci in camerino, si accendono i riflettori sul palco.

Ma le luci nei camerini si riaccenderanno domani. E il giorno dopo. E quello successivo. Per un altro artista, per un altro ruolo, per un'altra avventura.

Il golfo mistico

Il golfo mistico non è nient'altro che l'affascinante nome con cui si definisce la buca d'orchestra, o fossa d'orchestra. "Professori d'orchestra in buca" è la frase che il direttore di palcoscenico esclama all'interfono qualche minuto prima dell'inizio dello spettacolo. Il golfo mistico è l'area posta tra il proscenio e la platea, circa 2 metri sotto il livello del palco e protetta da un parapetto. Vi si accede dal sottopalco; il pavimento è in legno e vengono realizzati accurati studi di acustica per ottenere maggiore risonanza. È arredato con leggii, piccole luci di cortesia per la lettura della partitura e il podio del direttore d'orchestra. In caso di concerti sinfonici, tramite movimenti idraulici motorizzati, il livello di calpestio può salire e raggiungere quello del palco.

L'attrezzeria

Una scarsella per le monete, una lettera su carta satinata, una spaghettata per simulare un pranzo, un cannone con tanto di scoppio. E ancora: animali, fontane, banconote, cuscini, bracciali d'oro, bauli, macchine da scrivere. Tutto rigorosamente finto, ma realisticamente vero. Questo e molto altro ancora viene chiesto all'attrezzista.

L'attrezzista risponde puntuale alle richieste dello scenografo o del regista: dispone con cura gli oggetti di scena, sa consegnarli al momento opportuno all'attore prima di un ingresso musicale, cataloga con precisione ogni arnese che andrà a trovare spazio nell'enorme magazzino.

Grazie quindi a persone come Robero Pirrò, che lavora presso La Fenice, o ad Alessandro Triffoni del Regio di Torino, che, con la loro professionalità e precisione, permettono di ricreare in modo impeccabile le scene o di caratterizzare un attore con un accessorio appropriato.

L'attrezzista non ha visibilità e difficilmente riceve applausi: è un mestiere da fare con infinita passione, ma soprattutto amore!

Trucco e parrucco

Truccatori e parrucchieri sono artisti.

Come pittori e scultori, creano e modellano, inventano dal nulla o danno nuova forma all'esistente: per questo tale reparto è fondamentale in un teatro.

Truccatori e parrucchieri, con mani delicate, colpi di cipria e di spazzola, matite e gel, baffi e barba finti, parrucche e posticci vari, sanno trasformare il viso di un trentenne in un anziano, o levigare le rughe che il tempo ci ha regalato per far apparire il volto disteso e giovane.

La sala trucco di un teatro è un luogo pieno di luci, profumi e colori; una stanza ricca di fascino, perché può trasformare un artista a seconda delle richieste del regista.

Spesso le persone mi dicono: in teatro o in televisione siete tutti belli! In parte è proprio così perché alcuni cosmetici eliminano ogni ruga, le acconciature di sapienti *coiffeur* esaltano il viso, il *light designer* punta sul volto luci appropriate in modo tale da far risaltare il profilo migliore.

In sala trucco si arriva generalmente un'ora prima dello spettacolo, o seguendo le indicazioni che il direttore di scena comunica nei giorni precedenti. Indicativamente si passa prima dal truccatore per poi procedere con il parrucchiere, che fissa la parrucca o crea l'acconciatura.

Se si deve interpretare una persona anziana e bisogna "invecchiare" il cantante, per dare maggiore veridicità al proprio personaggio, nei giorni precedenti si creano delle protesi che vengono applicate in modo tale da creare un volto completamente diverso e più adatto al ruolo.

A Torino ha sede uno dei più importanti parruccai d'Italia, Mario Audello, ma voglio ricordare anche l'amico Roberto Paglialunga, anche lui artista parruccaio, responsabile del reparto Trucco e parrucco del Teatro dell'Opera di Roma.

Prima della prima

La *première* di uno spettacolo è sicuramente un momento magico, ma vi siete mai chiesti qual è il percorso per arrivare ad essa? Si tratta di un lungo cammino, fatto di prove che durano anche più di un mese.

Come in ogni situazione, il primo giorno serve a rompere il ghiaccio, incontrare i colleghi, il direttore, il regista, in una così detta "riunione di compagnia".

Iniziano quindi ufficialmente le prove musicali accompagnate al pianoforte insieme al direttore d'orchestra, che trasmette le proprie intenzioni musicali cercando di assecondare quelle del cantante.

Si passa poi nelle mani del regista, che inizialmente racconta la sua idea di spettacolo, presenta il costumista e lo scenografo e le loro bozze di costumi e scene. Le prove di regia vere e proprie cominciano successivamente, quando i cantanti iniziano a eseguire i brani nella sala prova sotto l'occhio vigile e attento dell'assistente del regista che annota ogni posizione, tenendo conto delle sue scelte, che possono dare spazio all'estro dell'artista oppure specificare azioni, pose, espressioni da assumere.

Durante le prove, l'opera viene costruita per numeri musicali: non sempre, infatti, si segue l'ordine scritto. Successivamente si raggruppano i numeri musicali in *filage*, composti da due o tre numeri o atti. Parallelamente, il direttore d'orchestra fa le letture della partitura con i professori d'orchestra in un'altra sala messa a loro disposizione. Ma questo è solo l'inizio!

Il passaggio dalla sala prove al palco è un momento molto delicato: i cantanti iniziano a percepire l'avvicinarsi della *première* e l'adrenalina sale. Nonostante in sala le poltrone siano vuote, la vitalità del teatro pervade i cantanti, e lo spettacolo prende sempre più la sua forma definitiva.

La prima prova che unisce cantanti e orchestra si chiama "Italiana": si esegue l'opera in forma di concerto, fermi in proscenio e con il coro alle spalle. Si passa poi agli "Assiemi", con l'orchestra in buca e l'esecuzione dell'opera a blocchi; il regista non interrompe e i cantanti sono in borghese, senza abiti di scena.

C'è poi la prova luci realizzata dal regista con figuranti che assumono le posizioni dei cantanti. La prima prova con costume e trucco si chiama "Ante piano": il cantante, accompagnato al pianoforte, può essere interrotto dal regista per accorgimenti e indicazioni.

I momenti *clou* sono le prove "Antegenerale" e "Generale": durante la prima, si esegue lo spettacolo in costume accompagnati dall'orchestra e senza interruzioni da parte del regista, ma non è presente pubblico in sala.

La prova Generale è molto simile alla precedente, ma con la presenza di pubblico in sala, generalmente amici e famigliari degli artisti, dipendenti del teatro o studenti.

Eccoci così giunti alla prima rappresentazione, la *première*: tutte le maestranze al loro posto, i cantanti pronti per la performance, l'orchestra con gli strumenti tirati a lucido. Di fronte, il pubblico in abito da sera. Non importa se è la prima di un'opera che hai già interpretato cinquanta volte: la *première* è sempre un momento di attesa e di forte emozione.

"Forza, chi è di scena: su il sipario!"

Si parte!

Valigie sempre pronte, passaporti alla mano, treni, aerei, taxi, hotel o *residence* che diventano come una seconda casa: l'artista è sempre in viaggio per raggiungere il proprio luogo di lavoro, che cambia continuamente. E spesso il viaggio deve essere rapidissimo, soprattutto quando si viene chiamati per una sostituzione all'ultimo.

Grande lusso quando in aeroporto ti attendono con un transfert e il conducente, all'uscita, tiene un cartello con su scritto il tuo nome. Ti senti subito in famiglia.

Il più delle volte, per raggiungere la meta, ci si deve arrangiare con taxi o treni. Le impeccabili Svizzera, Austria o Germania rendono facili gli spostamenti: puoi permetterti di programmare il viaggio spaccando il secondo, grazie alla tempestività delle informazioni anche su eventuali sostituzioni di mezzi. In Italia, per presentarmi ad un appuntamento mattutino preferisco partire il giorno prima.

Programmato il viaggio, si passa alla scelta della casa attraverso un elenco di appartamenti consigliati dal teatro o recensito positivamente da un collega.

L'abitazione deve essere vicina al teatro, funzionale e in grado di offrire pace e tranquillità tra una prova e l'altra.

Normalmente affitto appartamenti già sperimentati da altri cantanti, in modo da essere certo che i vicini di casa siano già preparati a vocalizzi e cantate.

Se ripenso alla mia carriera fino ad ora, rifarei la valigia per tornare in tre città italiane: Sanremo, per il suo concorso lirico; Pesaro, per gli insegnamenti del maestro Zedda; infine Spoleto, dove ho risieduto per due anni in un convento di sei suore e ho avuto la fortuna di conoscere persone speciali con cui ho condiviso sogni e la stessa determinazione nel realizzarli.

VIAGGI INDIMENTICABILI

Portare all'estero una parte della cultura italiana così importante come l'opera lirica è, per un artista, un privilegio.

I viaggi si dividono in due categorie: quelli di breve e di lunga durata.

Un viaggio è breve quando il cantante deve eseguire un concerto senza neanche avere il tempo di una, seppur breve, visita turistica della città. È lungo se in un luogo ci si ferma qualche giorno o addirittura settimane, con la possibilità di prendersi del tempo per scoprire le bellezze locali. In ogni caso, non si può certo nascondere la meraviglia di un mestiere che ti permette di passare dal Buncakaikan di Tokyo al Teatro National del Guatemala, cantare all'Alte Oper Frankfurt e calcare il palcoscenico del Teatro di Buenos Aires.

Quando mi chiedono quale sia il posto più bello finora visitato, rispondo senza dubbio la Costa Rica, dove ho interpretato "*Il barbiere di Siviglia*" al Teatro di San Josè. Tre mesi in Centro America insieme a un'allegra compagnia di cantanti, alla scoperta di una natura straordinaria, imparando una nuova lingua, ma anche usi, costumi e tipicità del posto, tra le quali i crocifissi non esclusivamente bianchi!

Non dimentico quello ligneo che ho ammirato nella cinquecentesca Cattedrale di Guatemala City o il Vulcano Arenal, il più attivo del Costa Rica, a 1670 metri di altezza. Per non parlare del volo privato per raggiungere le Piramidi Maya di era precolombiana nel Belize e portare a casa i caldi colori del San Salvador, impressi sui tessuti. E se saliamo più a nord, sono certo che Marta Calcaterra vorrebbe tornare con me a cantare le musiche di Suor Isabella Leonarda a Los Angeles!

Europa

Fin da piccolo sono sempre stato abituato a viaggiare, grazie alla mia famiglia e alle gite organizzate dal mio parroco don Piero Gagliardi, ideatore di bellissimi itinerari in Europa.

In terza media visitai l'Irlanda con mia mamma, e rimasi colpito dal verde delle campagne, dal gusto corposo della Guinness e dalla cremosità dell'*Irish coffee*. L'estate successiva andammo in Portogallo, e per la prima volta condivisi la camera d'albergo con un amico: in quell'occasione mi sentii "grande" e libero. Nel 1991 partecipai con mio nonno a una gita in Ungheria, con una folcloristica compagnia e un interminabile viaggio in pullman. La prima tappa fu Zagabria, all'epoca ancora parte della Jugoslavia; poi proseguimmo verso Graz, per raggiungere infine Budapest. Navigare sul lago Balaton, assaporare Tokaji, passare sotto i meravigliosi sette ponti sul Danubio; ho ancora in mente una canzoncina tipica che ci fece ascoltare la biondissima guida . Nel 1995 visitai l'Andalusia: Siviglia e la grande moschea di Cordoba tra i miei ricordi più vivi, ma anche il palato ebbe modo di essere stimolato attraverso l'immancabile *paella*.

Da ragazzino, più volte visitai la Francia, partendo dalle città e dalle zone di confine: Callian du Var (gemellata con il paese di mio padre, Calliano Monferrato), Nancy, Rennes, Annency.

All'epoca, non immaginavo che il mio lavoro mi avrebbe riportato in questi luoghi e molti altri me ne avrebbe fatti conoscere, scoprire e amare.

Nel corso della mia carriera ho cantato in sette bellissime città tedesche: Würzburg, Ingolstadt, Wiesbaden, Regensburg, Heidenhein, Giessen e Francoforte. La prima volta in territorio tedesco fu a Ingolstadt, dove eseguii il ruolo di "Edoardo" dalla "*Cambiale di matrimonio*" in una versione in concerto – semiscenica. La città è molto graziosa, con tipiche casette dal tetto a punta e le facciate colorate, una diversa dall'altra. Nell'aprile 2011, invece, con il Teatro Regio di Torino e l'allestimento della "*Traviata*" andai a Wiesbaden, mentre l'anno successivo a Heidenheim, dove ricoprii il ruolo di "*Ernesto*" nel "*Don Pasquale*". In quell'occasione preferii fare meno vita turistica: era pieno inverno, la vocalità donizettiana non era molto congeniale alle mie corde, per cui preferii evitare di uscire e rischiare un malanno.

Un cantante deve sempre mettere davanti a ogni cosa la garanzia di qualità che le produzioni richiedono.

Nel 2016 vissi in Germania per più di due mesi, a Regensburg, dopo aver conquistato il ruolo di *"Don Ramiro"* nell'audizione del 23 gennaio 2016, giorno del compleanno di mio nonno. In quel periodo mi trovavo in Svizzera, a Winterthur, per le ultime quattro serate del "*Comte Ory*". Avevo una pausa di un giorno tra una recita e l'altra e decisi di tentare l'audizione, organizzando una trasferta rocambolesca in Germania.

Alla stazione di Zurigo presi un treno *shuttle* per l'aeroporto e con un costosissimo aereo a motore, con le eliche sulle ali, superai le Alpi e atterrai a Monaco; da qui, un treno mi portò nella meravigliosa Regensburg, ricoperta di neve scintillante sotto uno splendido sole invernale. Avevo sensazioni positive rispetto l'esito dell'audizione, e ricordo che telefonai a casa dicendo: "Se mi prendono, la città è tutta da visitare". Così fu: da metà maggio a fine luglio abitai in Baviera. La stagione era perfetta, la città piena di turisti; ogni settimana una festa nelle piazze e un teatro che gestiva tre palcoscenici. Attraverso una programmazione a incastro perfetto, turisti e gente del posto avevano la possibilità di gustare nello stesso giorno spettacoli di diverso genere, tutti di altissimo livello: opera, sinfonico o musical, a seconda delle proprie preferenze. Vivendo qui per quasi tre mesi, ebbi l'occasione di visitare la città in tutti i suoi aspetti, navigare nuovamente sul Danubio, e ascoltare il Regensburg Domspatzen, famoso coro della cattedrale cattolica. E naturalmente interpretai sedici recite di "*Cenerentola*", partecipai a un concerto di Natale e a quello della mia collega soprano.

A Würzburg, invece, arrivai nel marzo 2018 in emergenza, per sostituire ne "*Il barbiere di Siviglia*" un collega malato. La città che sorge sul fiume Meno è famosa per la Residenza, riconosciuta come Patrimonio dell'Umanità dall'Unesco, contenente uno dei dipinti più grandi dell'artista veneziano Giovanni Battista Tiepolo. Città da scoprire!

Ultima esperienza in Germania nell'ottobre 2018 a Frankfurt, quando ebbi modo, finalmente, di visitare una città all'avanguardia, senza fermarmi solo all'aeroporto. Impressionante l'immenso auditorium in cui mi esibii, l'Alte Oper Frankfurt. Un teatro adibito a concerti sinfonici, dove realizzammo uno spettacolo dedicato a *Gioacchino Rossini* in una formazione di quintetto vocale, accompagnato dall'Orchestra Türinghen Philarmonie di Gotha.

La mia professione mi ha portato più volte anche in Spagna. Il 17 novembre 2009, grazie a una segnalazione da parte di un collega, feci l'audizione per il ruolo del "Conte di Libenskof" da "*Il viaggio a Reims*" di *Rossini*, in una Madrid dal clima ancora estivo. Alloggiavo nel *b&b* "Abracadabra" e chiesi al titolare il motivo di questo nome così particolare; lui rispose che era una parola che non aveva traduzioni, uguale in tutto il mondo, quindi famigliare a chiunque. Una buona strategia di marketing. Dopo qualche giorno, scoprii di aver superato l'audizione, e potei così partecipare all'allestimento di Emilio Sagi presso il teatro della capitale madrilena; seguii l'avviamento al debutto, partecipando alle settimane di vocalità rossiniana tenute dal tenore Raul Gimenez per prepararci al palcoscenico.

Grazie a Carlos Magan, il mio agente spagnolo, ho potuto anche cantare il "*Messiah*" di *Händel* a Santiago de Compostela nell'Auditorium de Galicia, completamente ligneo, con poltrone rosse fiammanti. Il concerto venne trasmesso anche dall'emittente televisiva culturale spagnola.

Successivamente, interpretai nuovamente il "*Messiah*" di *Händel* nella versione di *Mozart*, in lingua tedesca, nel Teatro Cervantes di Malaga.

Alla prima prova scoprii che alcuni numeri musicali presenti nell'opera, che abitualmente si omettono, erano stati inseriti nel concerto, senza che mi fosse stato comunicato precedentemente.

Mi misi a studiarli velocemente, anche con un po' di tensione, ma la bellezza di Malaga, la sua temperatura mite nonostante l'arrivo del Natale, gli addobbi e il clima festoso mi fecero affrontare il problema positivamente, studiando con più stimolo, ed eseguendo due concerti da registrazione, godendomi anche la splendida città.

Anche la Svizzera è stata spesso meta dei miei viaggi lavorativi. A Ginevra, che visitai per la prima volta da piccolo grazie ai cugini di mamma, eseguii "*Lo Speziale*" di Haydn nel ruolo principale di *"Sempronio"*; fu bellissimo perché la città organizzava a fine giugno la *"Festa della musica"* all'interno del parco antistante il teatro, in un contesto di grande festa. Biel/Bienne, famosa per essere la città degli orologi Rolex, Tissot, Swatch, Midò e Omega, è stata mia città adottiva per due importanti produzioni: "*Il Turco in Italia*" e "*Le Comte Ory*". Bellissima anche Appenzell, che ho avuto il piacere e la fortuna di vedere completamente innevata e che mi ha mostrato la vera Svizzera, tra baite, sapori e paesaggi da cartolina. Appenzell, nel cantone Appenzello, è la città dove *Gaetano Donizetti* decise di ambientare l'opera "*Betly*". Infine, St. Moritz, la famosa meta sciistica, con il *Festival dell'Engadina* regalandomi due estati memorabili, all'insegna del belcanto rossiniano, debuttando il ruolo di "*Rodrigo*" dall'opera *"Otello"* e una bizzarra e stravagante produzione di *"Barbiere"*. Porto con me non solo un ricordo musicale: ho infatti avuto la fortuna di conoscere persone stupende, come i signori Pius e Nicole, che hanno saputo trasformare una città conosciuta principalmente per il turismo invernale in una meta culturale grazie a un festival lirico estivo con echi in tutta la Svizzera.

Gli Stati Uniti d'America

Negli Stati Uniti sono stato più volte, per diverse occasioni. Tra esse, una fu quella per interpretare le musiche di suor Isabella Leonarda (1620-1704).

Attraverso uno strepitoso lavoro da parte della Cappella Strumentale di Novara, infatti, si mise mano alle musiche della Sorella, originaria della provincia piemontese, donando loro la dignità che meritano. Inoltre, grazie ad una prestigiosa rassegna musicale chiamata *"Donne in Musica"*, volai a Hollywood per realizzare le sue musiche al *"World Forum on Music - Ricardo Montalban",* di cui ripetemmo anche una replica alla Basilica del Vaticano. Da ricordare anche l'esecuzione al Convento di clausura "Mater Ecclesiae" sul Lago D'Orta: le suore, celate dietro un parapetto sulla balconata dell'organo, hanno dimostrato il loro consenso applaudendo e mostrando solo le braccia alzate.

Rimanendo negli Stati Uniti, tra le città che maggiormente ho amato per la mentalità aperta e cosmopolita c'è sicuramente New York, con i suoi distretti e i suoi quartieri indimenticabili, come Manhattan o Brooklyn. I grattacieli infiniti che toccano il cielo, quelli che non riesci a far stare in un solo scatto del tuo *smartphone*, gli stessi visti anche a Tokyo e a Panama. Ma sono città piuttosto chiuse, dove si fa fatica a entrare in intimità con gli abitanti del posto, anche a causa della lingua. Non così a New York.

Andai a New York nel gennaio 2017, faticando non poco a incastrare questo viaggio con altri impegni di lavoro. Mi trovavo a Zurigo per l'esecuzione dell'opera "*Betly*" di *Gaetano Donizetti*, e dovetti organizzare la trasferta americana tra una recita e l'altra.

Il viaggio in aereo trascorse velocemente. Arrivai di sera e organizzai tutti gli spostamenti con i mezzi pubblici per raggiungere la casa presa in affitto attraverso la piattaforma Airbnb.

Il proprietario era un medico e offriva una camera all'interno di una tipica casa americana, di quelle che si vedono spesso nei film e nelle serie televisive. Mike (supponiamo che si chiami così, poiché non ricordo il nome) fu affidabile, preciso e attento all'accoglienza. *The home* era abbastanza pulita e funzionale: mi permetteva l'uso della cucina e avevo a disposizione un bagno personale. Ci congedammo augurandoci a vicenda buona fortuna.

Una scena da film: la neve scendeva fitta mentre guardavo l'orizzonte attraverso la finestra con la classica apertura verso l'alto, ancora frastornato dal viaggio, e in sottofondo c'era una musica triste proveniente da una radio accesa.

Mi misi subito a letto, accesi la televisione per abituarmi alla pronuncia americana, che preferisco a quella del Regno Unito, e iniziai a sentire un rumore strano che ricordava lo scricchiolio di un vecchio pavimento in legno. Poco dopo lo risentii.

Abbassai il volume della televisione e sentii un *scrooonf scronf:* capii immediatamente che il rumore poteva essere associato solamente a un roditore...

Mi alzai dal letto e cercai ovunque nella casa: a un certo punto, forse spaventato dai miei passi, ecco spuntare da uno zoccolino del pavimento un topino. Balzai sul letto di scatto con le gambe conserte e immediatamente composi il numero del proprietario: "*There is a mouse!* THERE IS A MOUSE!!!", urlai.

Mike arrivò in meno di 15 minuti e gli dissi che non volevo rimanere nella sua casa, per cui doveva aiutarmi a cercare una nuova sistemazione. Devo dire che fu di una gentilezza e disponibilità unica, tanto da far evitare una recensione pessima su Airbnb. Presi i bagagli, chiamai un taxi e ci recammo in un hotel che trovò velocemente sulla *5th Avenue*, che si offrì di rimborsarmi come risarcimento per il disguido. Gli chiesi di cercarmi un'altra casa dove alloggiare per i successivi 10 giorni e trovammo insieme una stanza sulla *121th Street*, ad Harlem.

A New York andai a portare il mio curriculum con allegato un DVD contenente alcune mie interpretazioni in tutte le agenzie e presso tutti i produttori d'opera che avevo contattato in precedenza, senza però ricevere particolare attenzione.

Come ben si sa, dopo l'11 settembre 2001, gli Stati Uniti hanno aumentato le misure di sicurezza in tutto il Paese. Immaginatevi dunque come potevo fare a consegnare a mano una busta chiusa: nessun portiere o segretaria erano autorizzati ad accettare buste a mano da sconosciuti. Così decisi di spedirle via posta, spesso imbucando le lettere proprio di fronte alla porta di ingresso del mio destinatario.

L'unica busta che riuscii a consegnare a mano senza problemi fu quella alla sede di Donald Trump: la accettarono con piacere.

L'avventura a New York finì trovando ogni giorno qualche spicciolo per terra, un dollaro su un binario della metro a Culumbus Circus, un gelato da Grom per sentirsi a Torino, la visita al palazzo Nike e al famoso museo MoMa.

Ma ciò che più di altro porterò sempre nel cuore è la sofferenza percepita nella zona *ground zero* dove sorgevano le Twin Towers; ancora adesso, mentre scrivo queste semplici righe di ricordo, mi sembra di respirare la polvere di quella immensa tragedia.

Visitai anche il museo "*9.11*": è impressionante il filmato che riprende le persone che si lanciano nel vuoto, devastate dal fumo e dai crolli, nella vana speranza di salvarsi.

Tournée in Centro America

La più lunga e indimenticabile produzione che mi portò all'estero, oltreoceano, fu quella in Centro America nel 2007. Tre lunghi mesi in *tournée* in sei stati del continente americano: Guatemala, San Salvador, Honduras, Nicaragua, Costa Rica e Panama. Un'esperienza unica, carica di ricordi, ricca di sogni, divertimento, musica, natura, cibi.

Cantai nei maggiori teatri delle capitali, al fianco di una compagnia di artisti cosmopoliti composta da italiani, guatemaltechi, argentini e un bulgaro, insieme a un gruppo di lavoro magnifico, guidati dal direttore d'orchestra Bruno D'Astoli, originario di Spoleto, che andai a trovare l'estate successiva durante il Festival.

Ma facciamo un passo indietro.

Durante il concorso "Alfano", a Sanremo, conobbi un simpatico baritono proveniente da Treviso che interpretava in modo magistrale il ruolo di "Figaro": Omar Camata. Egli ha il dono di saper, da solo, tenere incollato alle sedie il pubblico di un teatro, grazie alla sua bravura, al suo umorismo e alla sua *verve* innata, tipica dei veneti.

Grazie a Omar, che suggerì il mio nome a un impresario teatrale di origini italiane in Guatemala, presi parte all'allestimento de "*Il barbiere di Siviglia*" che venne montato nel Teatro National a Guatemala City. L'impresario aveva avuto la brillante idea di lanciare il genere operistico in Paesi che non erano abituati a questo tipo di musica: fu un successo.

Lo spettacolo, dopo tre settimane di prove e quattro serate, partì in *tournée* per gli altri stati con grande entusiasmo da parte del pubblico e incredulità da parte della direzione del teatro, che aveva dato fiducia al genere operistico e non aveva sbagliato. Dopo alcuni anni di produzioni con artisti locali, infatti, vollero realizzare un'opera con cantanti in carriera e madrelingua. Tutto ciò si tramutò in momenti unici: non solo ebbi la possibilità di interpretare il "*Conte di Almaviva*", tra i miei preferiti, ma potei visitare Paesi meravigliosi, con un clima primaverile tutto l’anno, una natura che avevo visto solo sui libri di scuola e animali che in Europa non si trovano.

Partimmo per Guatemala City a metà gennaio con un clima gelido, per atterrare con una temperatura ideale. Dopo aver visitato le piramidi a Tikal, gli amici argentini consigliarono di prendere un piccolo aereo privato e andare nel vicino stato del Belize per vedere le gigantesche Piramidi Maya, forse meno conosciute rispetto a quelle Messicane. Sebbene la partenza con un aereo a elica non fu delle migliori, la visita e la salita sulle piramidi rappresentano uno dei momenti più belli di tutto il *tour*.

Gli spostamenti tra uno stato e l'altro erano piuttosto pericolosi e gli organizzatori predisposero una guardia con tanto di mitra, che viaggiava con noi sul pullman. Durante la *tournée* ho potuto fare il bagno in entrambi gli oceani, a seconda degli stati in cui ci trovavamo; mi immedesimai con un concorrente dell’ “Isola dei famosi” quando soggiornai in Honduras, ebbi la possibilità di salire sul vulcano Arenal in Costa Rica, e, per concludere, a marzo, a Panama, visitai il canale, famoso per i due dislivelli di acqua tra gli oceani.

La mia preoccupazione iniziale era quella che potessero nascere inevitabilmente malumori, screzi e battibecchi, considerato che partivamo per una *tournée* così lunga, con un gruppo di lavoro variegato a stretto contatto 24 ore su 24, nello stesso hotel, mangiando nello stesso ristorante, condividendo perfino il mezzo di trasporto per andare al lavoro.

Credetemi: niente di tutto ciò. Non ci furono litigi, problemi o difficoltà, e ancora oggi il gruppo ricorda quel periodo come uno dei più belli della propria carriera.

L’unico aspetto negativo fu legato ad un problema di salute. Nessuno mi aveva detto di non bere l’acqua del rubinetto dell’hotel, sebbene fossimo alloggiati in un lussuoso Marriott. Fui colpito da un fortissimo mal di stomaco, con febbre alta, e dovetti contattare il mio medico di base ad Asti per farmi darc il principio attivo e combattere questa indisposizione. Non conoscevo ancora nessuno, e mi recai da solo in una farmacia. Farmi comprendere fu un’odissea: non parlavo ancora lo spagnolo e dovetti comunicare a gesti. In quell'occasione scoprii che le medicine non venivano vendute in scatole, ma a numero. Ti servono sei aspirine? Te ne vendono sei. Senza spreco! Geniali!

In Guatemala conobbi il famoso regista d'opera argentino Constantino Juri. Oggi ha 95 anni, vive a Madrid ed è ancora un esempio per tutti i giovani che vogliono intraprendere questo lavoro, ma anche per chi è già in carriera. Un uomo pieno di idee, energia e professionalità, moderato, attento alle esigenze del cantante. Di lui ricordo una bellissima frase che mi disse un giorno, in seguito a una critica non proprio lusinghiera uscita sui giornali. "Enrico - mi disse - in teatro hai già visto un busto in gesso di un critico d'opera? Hai visto quello di *Beethoven*, di *Mozart* o del benefattore che ha reso possibile l'apertura di quel teatro. Ma il busto del critico, NO".

Grazie a lui e a tanti altri professionisti che ho avuto la fortuna di incontrare lungo la mia strada, ho imparato ad affrontare il palcoscenico con rispetto. Lavorare in teatro richiede professionalità, concentrazione, deferenza, umiltà, diplomazia. L'impegno di tutti è importante per la buona riuscita di uno spettacolo e bisogna avere un profondo rispetto per tutti, imparando a tessere relazioni positive.

Il Giappone

L'opera lirica è conosciuta in tutto il mondo, come la pizza e gli spaghetti. Non fa eccezione il Giappone, che acquista produzioni da teatri italiani per portare in patria la qualità e la professionalità tipiche di uno spettacolo nostrano.

Un plauso meritato agli organizzatori italiani, che per mesi gestiscono la *tournée* con complesse logistiche e notevole burocrazia. I passaporti con permessi speciali, il trasporto su navi di costumi e di grandi scenografie, il delicato imbarco degli strumenti musicali, sono solo alcuni esempi.

Andai in Giappone per la prima volta grazie al Teatro Lirico Sperimentale di Spoleto per portare in scena "*Il barbiere di Siviglia*" in moltissime città del Paese. Era l'estate del 2007 e in venti giorni toccammo Tokyo, Shibuya, Kyoto, Narita, Fukuoka e molte altre città ancora, spostandoci con il famoso treno missile Shinkansen. Esportare una produzione oltreoceano è qualcosa di incredibile, al limite dell'impossibile, e sicuramente il primo e più grande applauso va alla perfetta macchina organizzatrice del Teatro Lirico di Spoleto che ha saputo spostare oltre cento artisti tra coro, orchestra, solisti e staff tecnico, comprensivo di truccatori, parrucchieri e costumisti.

Ricordo Tokyo come una città gigantesca, sempre viva, in continuo movimento, organizzata, puntuale, funzionale in tutte le linee di trasporto pubblico. La mia sola paura era quella di perdermi in mezzo a tutte quelle persone con gli occhi a mandorla, ma d'altra parte non mi sentivo mai solo.

Ricordo che alzavo gli occhi al cielo e vedevo giganteschi grattacieli, con all'ultimo piano decine di ristoranti.

Alcuni mettevano in vetrina manufatti in cera rappresentanti i piatti che avresti potuto consumare all'interno.

Ricordo in particolare un ristorante italiano che metteva in mostra un bel piatto di spaghetti finti e una bottiglia di Asti Spumante: come non sentirsi a casa!

Ringrazio ancora oggi il pubblico giapponese per il forte rispetto nei confronti della musica lirica: composto ed educato, attese noi artisti al termine dello spettacolo formando lunghissime file per la richiesta dell'autografo, da imprimere sui coloratissimi libretti d'opera realizzati dal teatro. Alcuni fans chiesero di scattare foto insieme, e ritornarono le serate successive per donarci l'istantanea di un ricordo condiviso da portare in Italia.

La mia seconda volta in Giappone fu grazie al "*Rossini Opera Festival*", realtà musicale nata agli inizi degli anni '80 a Pesaro, città natale di *Gioachino Rossini*. Il Festival è famoso in tutto il mondo per eseguire ogni estate una *kermesse* canora dedicata all'autore, con un cartellone significativo e artisti di fama mondiale.

Ho frequentato l'Accademia rossiniana nel 2005 e ho partecipato come ospite in due produzioni liriche: "*Otello*" nel 2007 e "*Maometto II*" nel 2008. Successivamente, il "*Rossini Opera Festival*" ha iniziato a organizzare una *tournée* incredibile in Giappone, portando in scena nel paese asiatico tre rappresentazioni di grande importanza. Il caso volle che si decise di rappresentare tre spettacoli dove era richiesta la mia presenza artistica. Oltre all'esecuzione di "*Otello*" diretto dal maestro Gustav Kuhn e quella di "*Maometto II*" sotto la bacchetta di Alberto Zedda, portarono in forma di concerto l'opera "*Giove a Pompei*".

A differenza della prima *tournée*, questa volta le città in cui ci esibimmo furono solo due, ma non per questo meno importanti. Iniziammo gli spettacoli al Biwako Hall Ōtsu, in un teatro dalle dimensioni impressionanti, tanto da non riuscire a vedere la fine della platea inclinata di fronte al palcoscenico. Successivamente ci spostammo al Teatro Bunkamura Orchard Hall di Tokyo, il più famoso del Giappone: fu piacevole ritrovare nei corridoi dei camerini il ricordo della *tournée* umbra con le firme di tutti i partecipanti. Andai in Giappone anche una terza volta, con una *tournée* organizzata dal Teatro Regio di Torino nell'estate 2013 con "*La Traviata*" e "*La Boheme*": io ero all'interno del *cast* dell'opera di *Giuseppe Verdi*.

Ricordo il caldo afoso di Tokyo. Le altre trasferte, infatti, erano state realizzate in giugno e novembre: non ero per nulla preparato al tasso di umidità altissimo presente nelle città in piena estate.

Per questo motivo, avendo avuto la fortuna di essere già stato due volte in Giappone, rinunciai a quelle visite turistiche che erano invece meta dei miei colleghi, per la prima volta in Oriente. Mi limitavo esclusivamente a percorrere il tratto di strada hotel/teatro. Visitai solamente il lussuosissimo quartiere Ueno e mangiai un gelato da Grom, facendo conoscenza con il gestore del locale, di origine italiana.

Le esperienze in Giappone sono sempre state costruttive da tutti i punti di vista: ho potuto rendermi conto di quanto lì sia apprezzata l'opera e quale rispetto si nutra per il melodramma.

Ho potuto sperimentare anche la cucina giapponese, che ben poco ha a che fare con il *sushi* e il *sashimi* che mangiamo in Italia; durante le cene di gala, al termine di una delle *performance*, gli sponsor portarono il *cast* in ristoranti tipici giapponesi, dove mangiai zuppe di pesce non ben identificate sul menù e pesce condito con spezie che in nessun ristorante italiano ho mai visto, e scoprii che i giapponesi mangiano *sushi* e *sashimi* con le mani.

E noi che diventiamo matti con le bacchette!

In Giappone, inoltre, ci sono negozi chiamati Seven/Eleven, aperti 24 ore su 24, dove è possibile trovare i beni di prima necessità, *sushi take-away* e molte altre cose. Per la prima volta vidi la Fanta all'uva: una bibita super gassata, piena di coloranti, che al primo sorso mi fece pentire di averla acquistata.

Ciò che ricordo con molto piacere è la vista mozzafiato del vulcano Fujiyama dal balcone dell'hotel in cui alloggiavo: da cartolina!

感 謝, grazie Giappone, arrivederci a presto!

Qatar

Il Teatro Lirico Sperimentale di Spoleto è sempre stato molto attivo nella promozione della sua immagine e, oltre ad essere una fucina di idee per la cultura della regione Umbria, ha avuto la lungimiranza, più di 10 anni fa, di capire che la Lirica poteva essere esportata negli Emirati Arabi.

La dirigenza del Teatro prese così contatto con l'Ambasciata italiana a Doha, in Qatar, per presentare i vincitori del concorso indetto dal Teatro Lirico, attraverso la realizzazione di un concerto che servisse da biglietto da visita per promuovere un intero spettacolo d'opera negli anni successivi.

Quando mi proposero di andare in Qatar iniziai a riflettere, bilanciando l'opportunità come sono solito fare, anche forse per via del mio segno zodiacale: da una parte ero felice di cantare in un nuovo stato, curioso di vedere luoghi mai visti, assaporare cibi diversi e vivere nuove esperienze; dall'altra , ero un po' pensieroso rispetto alle notizie passate ai TG, non sempre rassicuranti, su quei territori. Alla fine, decisi di accettare: in fondo sono un ragazzo curioso, amo l'avventura e sono capace di adattarmi alle diverse esigenze, cosa che gli enti lirici apprezzano molto. Oltre alla preparazione artistica, sono infatti molto ammirate elasticità mentale e assenza di divismi, che permettono di essere flessibili in caso di imprevisti e problematiche.

Il gruppo che partì era perfetto: io, il soprano Maria Agresta, il mezzosoprano Federica Carnevale, accompagnati al pianoforte da Antonella Poli. Con noi anche il direttore amministrativo Claudio Lepore e un funzionario, Andrea Amarante.

Andavamo d'accordo e lo spirito era quello giusto; lavoravamo con impegno e in maniera impeccabile, senza togliere spazio però al divertimento secondo i loro usi.

Il nostro gruppo era protetto e seguito dagli organizzatori locali e non sono mancate le gite nel deserto con fantastici *tour* su grandi *Jeep* dalle ruote sgonfie che si adattavano meglio alle dune del deserto.

Unica pecca: l'assenza di sedie su cui sedersi durante il concerto. Ogni artista era costretto ad attendere in piedi il proprio turno di entrata sul palcoscenico. Ero l'artista più vivace e spensierato della compagnia, pensavo ai viaggi di lavoro quasi come a vacanze, e la mia allegria contagiava tutti. L'inconveniente delle sedie divenne occasione per una scenetta divertente: io che cercavo di far capire a gesti che avremmo desiderato delle sedie, mentre i miei colleghi ridevano senza farsi troppo vedere. Improvvisamente tutti iniziarono a dire: "Kursii, kursii, kursiiii", sempre più forte, e uno lo diceva all'altro in un passaparola continuo.

Iniziai a temere di aver creato un incidente diplomatico! Capimmo poi che in arabo "kursii" significa proprio "sedia"; così finalmente ne arrivarono a decine, portate all'impazzata dallo staff, sebbene il concerto stesse quasi volgendo al termine, nel pieno silenzio del pubblico.

Dopo l'esibizione promozionale nel Teatro Nazionale di Doha, l'Emiro accettò di acquistare un'opera integrale: una squadra di oltre ottanta persone tra tecnici, artisti e funzionari del Teatro di Spoleto si preparò dunque per la nuova trasferta in Qatar. Era il 2008 e iniziai quell'anno con una bruttissima afonia, la più grave fino ad ora sofferta. Una sera, subito dopo le festività natalizie, mi trovavo ad Asti a cena a casa di amici che mi cucinarono, tra gli antipasti, le acciughe al verde, piatto tipico piemontese indicato – così si dice – per chi usa spesso la voce. Fu una fortuna che fosse nel menù, perché già durante la serata sentii che la mia voce stava calando, forse a causa di un colpo d'aria o per via della mia chiacchiera che si lasciava contagiare dal clima festoso.

L'indomani ero completamente afono. Il medico diagnosticò una laringite acuta!

Ero molto preoccupato perché di lì a breve sarei dovuto partire per Spoleto per le prove di "*Cenerentola*" e il debutto nel ruolo di "*Don Ramiro*", opera che precedeva la *tournée* negli Emirati Arabi. Avvisai immediatamente il teatro e chiamai il dott. Graziano Brozzi, foniatra che mi seguì durante il biennio di studi in Umbria tra il 2006 e il 2007. Gli spiegai le mie condizioni e lui mi prescrisse una serie di farmaci, oltre al silenzio assoluto (sia cantato che parlato) per quindici giorni. E così feci.

Giunto a Spoleto, mi recai subito nel suo studio per un controllo, e per fortuna verificò che non avevo noduli, ma solo una brutta influenza. Il Teatro mi propose di cantare nel secondo *cast* e non potei fare altro che accettare, primo per i miei problemi di salute e secondo perché era prevista una nuova *tournée* in Giappone, nel giugno successivo, con "*La Cenerentola*", a cui io non potevo partecipare poiché avevo già firmato un contratto per debuttare *"Rodrigo"* dall'"*Otello*" in un altro teatro; era quindi logico dare la precedenza all'artista che avrebbe eseguito la tournée nipponica.

Durante i primi dieci giorni, sebbene fossi presente in teatro, nelle prove di regia e musicali non dovevo assolutamente cantare. Fu una dura prova, ma vinsi!

Consapevole e felice della scelta di cantare nel secondo *cast*, la mia unica preoccupazione era quella di guarire in tempo per poter cantare due delle quattro recite previste in cartellone, organizzate in occasione del carnevale a Spoleto. Grazie alle cure del dottor Brozzi, alla mia stretta osservanza delle prescrizioni e alla solida tecnica che il maestro Sherman Lowe mi ha trasmesso in molti anni di studio, riuscii a debuttare il ruolo di "*Don Ramiro*", il principe di "*Cenerentola*", con una splendida regia di Alessio Pizzech e la direzione di Giuseppe La Malfa.

Dopo la travagliata produzione di "*Cenerentola*", il Teatro riprese lo spettacolo de "*Il barbiere di Siviglia*" in vista della trasferta negli Emirati Arabi. Durante il viaggio ebbi una ricaduta e arrivai a Doha con la febbre, ma, fortunatamente, nessun danno alla voce. Così il 6 marzo potei eseguire lo spettacolo.

Nel teatro allestito presso l'hotel Sheraton arrivarono diversi Emiri che sedevano esclusivamente in prima fila, separati uno dall'altro da quattro sedie vuote. Era una cosa piuttosto buffa da vedere: loro, soli, davanti, distanziati, mentre dietro si apriva un'intera platea di oltre 1500 persone.

Per tutto il tempo della recita pensai al motivo di questa disposizione, ma non riuscii a chiedere spiegazioni perché, nel frattempo, tra un acuto e un'agilità rossiniana, la febbre era salita e di parecchio, per cui al termine della rappresentazione mi rifugiai immediatamente in camera per riposare in vista del volo di rientro all'alba del giorno dopo, oramai felice per aver affamato di sorrisi e conquistato il mondo arabo.

Cuba

Tra i viaggi più interessanti e inaspettati c'è sicuramente la divertente trasferta a Cuba nel maggio 2008.

In un freddo pomeriggio d'inverno mi telefonò un responsabile artistico del Teatro Lirico Sperimentale di Spoleto, e mi chiese se fossi pronto a partire, mettendo un costume da bagno in valigia.

Non poteva ancora svelarmi la destinazione: mi chiese solo la disponibilità per dieci giorni, durante i primi quindici di maggio. Una delle mie più grandi abilità, messa in atto anche grazie a una certa dose di fortuna, è sempre stata quella di riuscire a incastrare varie produzioni, una dopo l'altra, senza quindi perdere opportunità interessanti.

Dopo un paio di giorni, mi richiamarono svelandomi l'ambita meta oltre oceano: un viaggio a Cuba, in occasione dell'Expo Turismo, dove la regione Umbria presentava le sue eccellenze gastronomiche e culturali.

Spoleto, città anche nota per il Festival dei Due Mondi, proponeva una rappresentazione teatrale con opera lirica. Scoprii anche che il direttore della compagnia aerea Blu Panorama, che organizza voli diretti Roma – Cuba, era di origini umbre e voleva a tutti i costi far conoscere la regione nella capitale L'Avana.

Non potevo credere alle parole che mi giungevano dall'altra parte della cornetta: un viaggio a Cuba per cantare al noto Tropicana, il locale a L'Avana famoso per i balletti strepitosi, le coreografie pazzesche, luci ed effetti scenografici degni di un vero carnevale in danza. Il locale realizza meravigliosi spettacoli con musiche dal vivo e costumi che ricordano le favolose parate di Rio de Janeiro, portando sul palco ballerini di nota fama e atleti da brivido, che mi porto ancora oggi sulla pelle. Quando vedo questo tipo di spettacoli mi sento povero artisticamente; vorrei sapere se anche io sono in grado di esprimere emozioni come quelle che hanno saputo trasmettermi i ballerini e gli acrobati dal palco del Tropicana.

In realtà solo molti anni dopo, nel 2015, con l'organizzazione dell'Expo a Milano, capii quale importanza e visibilità mondiale avesse questa manifestazione, realizzata nel 2008 alla fortezza Del Moro; Cuba in quegli anni era ancora piuttosto chiusa.

Io e Francesca De Giorgi, collega mezzo soprano, accompagnati al pianoforte da Francesco Massimi, aprimmo lo spettacolo folcloristico interpretando alcune arie d'opera e romanze della tradizione italiana che hanno fatto la storia e sono conosciute in tutto il mondo: "*Volare*", "*Mamma*", "*O sole mio*", sono solo alcuni esempi.

Con gli altri operatori turistici umbri, con cui si instaurò subito una grande amicizia, visitammo l'isola, le sue opere d'arte, senza tralasciare le meravigliose spiagge, accompagnati dai simpatici mezzi di trasporto come il Coco Taxi, un motocarro decapottabile a forma di cocco. Avevo 30 anni e guardavo il mondo con altri occhi: davo forse più importanza all'esperienza turistica, che artistica. Non così oggi, dove la priorità è sempre data allo spettacolo. Senza privarmi di momenti di svago, preferisco però essere riposato e concentrato prima delle prove o delle recite, e mi dedico al divertimento solo quando penso di meritarlo davvero.

Argentina

Volevo conquistare l'Argentina, e partii con l'intento di andare a farmi conoscere nell'altro continente, fino "alla fine del mondo" come dice Papa Francesco, perché la parola "crisi" stava invadendo il settore della cultura italiana e non potevo permettermi di fermarmi o di interrompere un percorso appena agli inizi.

Cercai di riprendere i contatti con i colleghi argentini che avevo conosciuto durante il *tour* in Centro America, e su segnalazione avevo chiamato un agente che rappresentava diversi artisti nei principali teatri, ma soprattutto al Teatro Colon di Buenos Aires. Avevo 10 giorni a disposizione nell'agosto 2010, quando in Argentina è inverno e la stagione operistica è nel pieno ritmo. Fui ospitato dall'amico baritono Sebastian Sorarrain, che ringrazio molto per l'accoglienza impeccabile.

Riuscire a organizzare audizioni in Argentina, soprattutto al Teatro della Plata e nell'immenso Teatro Colon, non è stato semplice. La prima persona che deve credere in te è sicuramente il tuo agente: se lui non apprezza il modo con cui esponi il belcanto, non condivide la scelta del repertorio o il tuo modo di fare va a ledere la fiducia, difficile è la vendita di un artista a un teatro. Devo ammettere che, all'epoca, la mia preparazione non era ancora adeguata ad entrare su un così grande palcoscenico, però la mia filosofia è sempre stata quella di non aspettare che qualcuno bussasse alla mia porta. Sono sempre stato io il principale promotore di me stesso e sostenitore del mio lavoro, mettendomi in gioco; così feci anche in quell'occasione. Il Teatro Colon è immenso, gigantesco, il più grande del mondo, e le voci che devono soddisfare l'esigenza della direzione artistica devono essere perfette, con uno squillo brillante o, come si dice in gergo, "una punta" che possa arrivare fino all'ultima poltrona della platea o alla cima del loggione.

Il mio viaggio in Argentina fu bellissimo perché rividi tutte le persone che avevo conosciuto durante la *tournée* in Centro America, conobbi familiari che mi accolsero come un figlio, ma rientrai in Italia consapevole che difficilmente avrei concluso contratti o ricevuto proposte di ingaggio.

Dopo le audizioni in cui presentai i miei cavalli di battaglia rossiniani, trascorsi una bellissima serata nel quartiere Boca, colonizzato dai genovesi con le case tutte colorate perché dipinte con l'avanzo di vernice delle barche. Assaggiai l'*asado*, la tipica carne alla brace, assistetti a uno spettacolo di tango e mi immersi nel folclore del ricordo di Maradona.

Trascorsi un bellissimo pomeriggio al Porto Madero di Buenos Aires, dove a fine Ottocento arrivarono migliaia di italiani, tra cui il mio trisavolo Giovanni Iviglia e, ricordando la sua storia e quella di tanti altri italiani, mi commossi pensando a come in quel momento ero io stesso a essere emigrato in Argentina, 200 anni dopo, perché la crisi italiana della Lirica, ma non solo, era dilagante, e volevo tentare una strada fuori dai nostri confini.

Grazie a una ristrutturazione conservativa della zona di attracco delle navi, è stato possibile mantenere edifici e pontili, ricreare zone intrise di nostalgia del tempo passato e musei che sanno catapultarti in altre epoche. Questo viaggio, per una persona come me, sensibile e attenta alle storie di vita e nostalgica del passato, è rimasto nel mio cuore.

Nonostante non sia andato bene dal punto di vista professionale, sono tornato a casa con una valigia ricca di ricordi e pensieri rivolti al passato, ma anche al presente; a chi lasciò decenni fa la propria terra per cercare fortuna altrove, a chi lo fa ancora oggi, trovando troppo spesso indifferenza e odio.

Libano

L'Università Cattolica Antonine, con sede a Beirut, ha ideato grazie al suo mentore, il maestro Padre Toufic Maatouk, un festival di musica chiamato "Beirut Chants". In occasione del Santo Natale 2014 fu programmata la "*Petite Messe Solennelle*", opera sacra di *Gioachino Rossini*, e il maestro Maatouk si avvalse, per la trasferta in Libano, della collaborazione di artisti italiani: con me v'erano il mezzosoprano Cecilia Alegi e il pianista Fausto Di Benedetto, per cui la compagnia che si creò fu anche un ritrovo tra amici. Grazie poi alla straordinaria capacità di accoglienza dell'organizzazione, ognuno di noi si sentì perfettamente a proprio agio, ottima cosa per la buona riuscita del concerto.

Venni accolto in aeroporto da un autista dell'Università Cattolica Antonine che mi fece accomodare sui sedili posteriori. La mia curiosità mi portava a fotografare tutto quello che avevo intorno; passai da una zona poverissima con *favelas* e negozi fatiscenti, all'immenso sfarzo di luci e boutique di capi griffati del nuovo centro di Beirut. I grattacieli si alternavano alle case in rovina, con i segni ben visibili della guerra civile passata. Durante il viaggio feci un grave errore: fotografai i carrarmati posizionati in mezzo alla strada tra la zona più degradata e quella lussuosa ricostruita; questi giganteschi mezzi erano parcheggiati un po' sulla corsia di destra e un po' su quella di sinistra, in modo tale che l'automobilista fosse costretto ad andare lentamente attraverso un percorso a zig-zag. L'autista ad un tratto si fermò e nonostante il suo inglese stentato capii che era assolutamente vietato fotografare i carrarmati o le forze dell'ordine. Inoltre, mi chiese di accomodarmi davanti per dare l'impressione di essere del loro *entourage*, in modo da non dare troppo nell'occhio.

Il Festival organizzato dal maestro, che è anche un docente dell'università Cattolica di Beirut, è ricco di appuntamenti di calibro mondiale; appena arrivato fui invitato al concerto della bravissima violinista Francesca Dego.

In Libano ho potuto anche visitare la città che sta risorgendo e offre moltissime opportunità. Divertentissimo è stato il pranzo presieduto dal Magnifico Rettore dell'Università, che ha visto tra le portate il famoso *tabulè*, piatto fresco estivo a base di prezzemolo tritato, cipolle, pomodorini e menta, un piatto delizioso che adoro! Ma, ovviamente, tutta quella cipolla non era proprio indicata per un gruppo di cantanti. Sebbene fosse indicato un protocollo ben preciso tra i commensali, noi goliardici italiani non abbiamo resistito a mettere in scena una divertente *gag*, cospargendoci i denti di prezzemolo e sorridendo a tutti.

Ho rivisto con gran piacere il maestro Maatouk durante il mio soggiorno a Napoli per il debutto al San Carlo nel 2016. Dirigeva il "*Requiem*" di *W.A. Mozart* nella cattedrale del capoluogo campano e ho avuto così modo di rinnovargli la mia stima per la sua preparazione e per la capacità di trasmettere all'artista quello che il compositore ha fermato sulla carta; è stato anche un momento per rivivere il ricordo di una piacevole serata a base di *tabulè*!

Canada

L'aver cantato ne "*Le Comte Ory*" destò l'attenzione della signora Leila Marie Chalfoun, che gestisce un'agenzia lirica a *Montréal,* in Canada. Intenzionata a prendermi sotto la propria ala protettrice, dopo alcuni mesi mi propose delle audizioni oltreoceano. Partii così per il Grand Théâtre de Québec e per l'Opéra de Montréal, nella metà di settembre 2017.

Arrivai all'aeroporto di Montréal e Leila venne a prendermi, entusiasta di vedermi: avere qualcuno che ti accoglie è una cosa bellissima, perché un sorriso vale più di tante parole. Ma anche le parole non mancarono! Leila iniziò a parlare velocemente in un francese-canadese piuttosto incomprensibile, esponendomi i suoi progetti per i prossimi giorni, ma dopo 9 ore di volo, il *jet-lag*, gli occhi che venivano catturati da tutto ciò che avevo intorno, era impossibile seguire i suoi ragionamenti.

Ci dirigemmo verso casa, a Saint-Eustache, a mezz'ora da Montréal, dove sarei rimasto ospite della signora Giselle che gestisce un *b&b.* Durante la trasferta, Leila mi informò che una delle due audizioni importanti previste, quella a Montreal, non si poteva realizzare. Mi assalì un leggero nervosismo: l'idea di percorrere tutti quei chilometri per una sola audizione che sarebbe potuta anche andare male mi inquietava. Inoltre, per arrivare in Québec City mancavano da percorrere altri 280 chilometri, 3 ore di auto. Per gli americani le distanze sono tutte brevi e non spaventano. Oramai era fatta: feci un grande sospiro e cercai di trovare solo il lato positivo di quel viaggio.

Il giorno dell'audizione partii sulla sua enorme automobile americana con altri tre artisti; prendemmo una multa per eccesso di velocità, ma, puntuali, arrivammo al Grand Théâtre de Québec per l'audizione. Il giorno seguente rientrai in Italia e partii per Regensburg dove continuavano le recite di "*Cenerentola*". Dopo dieci giorni, Leila mi contattò nuovamente e mi propose di ritornare in Canada perché erano state riaperte le audizioni a Montréal. Stavo per salire sul palco per cantare "*Don Ramiro*" nella "*Cenerentola*" e per tutta la recita ebbi quel tormentone nella testa: "Torno in Canada o dico che non mi interessa?".

Ci pensai qualche giorno e alla fine decisi di farmi un regalo di compleanno. Le cose in Europa stavano andando bene, il 27 ottobre avrei iniziato la produzione dell'opera "*Achille in Sciro*", a seguire, il mio debutto al Teatro San Carlo. L'opera di Domenico Sarro era studiata, non avevo paura di arrivare a Napoli con incertezze musicali, per cui potevo concedermi una nuova trasvolata oceanica.

Partii nuovamente per Montréal, ma questa volta da Francoforte. Era il 16 ottobre e sicuramente il flusso degli auguri per il trentottesimo compleanno diedero la giusta carica per questo nuovo investimento artistico, per me stesso e per la mia carriera.

Le audizioni, seppur positive, non si sono ancora concretizzate in un vero e proprio contratto. Questo fa parte del gioco: non sempre i provini vanno a buon fine e spesso certi investimenti in tempo e denaro non vengono ripagati con una scrittura immediata. Ma tutto serve, tutto fa esperienza: la cosa importante è tessere relazioni positive e far conoscere il più possibile la propria figura artistica.

In entrambi i viaggi in Canada non ebbi modo di fare vita da turista. Partecipai però ad una festa locale a Saint-Eustache mangiando prodotti tipici nella loro Pro Loco e visitai una cantina con *barrique*, scoprendo che il metodo di vinificazione era pressoché uguale al nostro.

Oman

Quando ti propongono un'interessante tournée o un viaggio intercontinentale con data fissata a lungo termine, le incognite sulla partenza così come le procedure di trattativa non sono di semplice gestione. Fortunatamente, a far da garante ci sono gli Enti che pianificano le trasferte.

E' questo il caso del recente viaggio in Oman, organizzato dal Rossini Opera Festival, realtà con sede a Pesaro, conosciuta in tutto il mondo per il celebre autore virtuosistico e per il famoso Festival estivo, al quale ho preso parte per diversi anni nelle rappresentazioni di "Otello", "Maometto II", "Le nozze di Teti e Peleo" e "La scala di seta".

A dieci anni dalla prima tournée in Giappone del 2008 con l'allora direzione artistica del M° Alberto Zedda, si programma per il 2019 una nuova proposta lavorativa giunta direttamente dal Sovrintendente, il Tenore Ernesto Palacio.

Le emozioni sono ancora molto vive dentro di me, poiché scrivo di questa esperienza a distanza di pochissimi giorni dal mio rientro in Italia. L'Oman è uno Stato completamente diverso dal nostro, per paesaggi, cibo, religione, stile di vita e proprio per questo ho apprezzato ancora di più il potere della musica e quella sua capacità di unire in una melodia, i modi, gli usi e i costumi di due etnie completamente opposte.

Giunsi a Muscat da Milano con un volo durato circa 7 ore e all'arrivo in aeroporto trovai ad attendermi una fiammante *Cadillac*; l'assistente presente nell'area aeroportuale ancor prima di ritirare i miei pesanti bagagli fece presagire che sarebbe stato un soggiorno perfetto.

Strade gigantesche, pulite e ordinate, ricche di aiuole con fiori tropicali; verde pubblico disteso a tappeto, impeccabile, simile ai famosi prati inglesi; illuminazione a giorno e viabilità scorrevole. Hotel di prima categoria, cibo intercontinentale e servizi di ogni genere.

Al Royal Opera House sono stato scritturato nell'Opera "La

Scala di seta" di Gioachino Rossini nel ruolo di Dormont, con una moderna regia di Damiano Michieletto, eseguita a Pesaro nel 2009 e 2011. Il Festival rossiniano ha trasferito ogni cosa a Muscat, non solo quindi i cantanti e l'orchestra, ma anche giornalisti, ufficio stampa, produzione, sartoria, attrezzeria, macchinisti: un'impresa colossale riuscita in ogni perfetto dettaglio. L'accoglienza impeccabile grazie all'estrema gentilezza di tutto il personale è la prima caratteristica degna di nota del Teatro Royal Opera House di Muscat: un traduttore per potersi relazionare con i dipendenti, truccatori e parrucchieri che collaboravano con gli italiani, servizi di sicurezza accurati e pulizie maniacali in ogni angolo della struttura. All'interno del Teatro sono previste anche due stanze per la preghiera, una per le donne e una per gli uomini.

Ma ad incantarmi è anche l'architettura. All'esterno il Teatro, inaugurato 6 anni fa, è un edificio moderno: un insieme di parallelepipedi e cubi che creano in modo gigantesco un'armonia conforme al piano regolatore delle case ed edifici limitrofi. Il principale materiale di utilizzo è il marmo bianco, levigato in forma lucida: all'interno, numerosi palchi in legno intarsiato e foglie d'oro. Oltre 1000 i posti e un palcoscenico enorme, con tre quinte laterali della stessa dimensione del palco, che permettono di installare scenografie imponenti che, posizionate su carrelli, si ripongono lateralmente o nel retropalco. Un organo immenso, che solo nelle grandi cattedrali tedesche ho potuto ammirare.

Il pubblico omanita è stato di una sensibilità unica. Ha apprezzato l'opera italiana, la comicità e la gestualità, sempre ricca di movimenti. Nel corso delle due recite c'è stato un crescendo di applausi e di consensi da parte di tutti i presenti in sala. Vestiti elegantissimi, le signore con abiti in seta e gli uomini con il loro turbante avvolto da coloratissimi scialli. I tessuti omaniti, del resto, sono rinomati: cashmere di prima qualità ho potuto acquistarlo rigorosamente al coloratissimo e tipico *souq*!

La ricchezza dell'Oman però sta anche nel clima meraviglioso, una perfetta parentesi calda durante il nostro freddo inverno.

Tra le specialità culinarie, al primo posto il dattero.

L'ho gustato in tutti i modi: con le noci brasiliane, con le mandorle, sgusciato con i pistacchi, sotto forma di pasta.

Ancora più sorprendente è stata la conoscenza di Chefi, un signore incontrato all'accoglienza della grande Moschea che parlava perfettamente italiano. Insieme alla moglie Jasmine erano a supporto dei turisti, per raccontare le loro usanze, la loro cultura, la loro religione. Mi ha affascinato molto il loro essere legati alla fede, il dovere di pregare cinque volte al giorno e il modo di tramandare la dottrina ai figli. Poter mettere a diretto confronto la nostra religione con quella Mussulmana è stato un privilegio, parte integrante della bellissima esperienza a Muscat. Incuriosito dalla conversazione in italiano fluente di Chefi, gli chiesi come avesse fatto ad imparare in maniera così impeccabile la nostra difficile lingua. Sorprendente è stato scoprire che Chefi ha studiato Ingegneria a Lecce, suo figlio è nato in Italia e la sorella di Jasmine abita a Verbania, in Piemonte, e continuano a mantenere una casa nel Salento dove si recano ogni estate a "svernare", se così si può dire, per superare gli insopportabili 50 gradi omaniti. Del resto, il Salento è la patria del sole, del mare e del vento! W l'Italia, ma d'inverno tutti in Oman!

IL VIAGGIO CONTINUA ANCORA…

A te che vuoi iniziare un percorso artistico, fatto di continuo studio, impegno, diversità.

A te che non giochi a calcio come tutti gli altri bambini.

A te che balli sulle punte, ma sei un maschio.

A te che suoni il trombone e sei l'unica ragazza della classe. Fallo! Continua a farlo!

Sii costante, non demordere, vivi di sogni.

Ricorda i successi, analizza gli insuccessi, ma poi dimenticatene! Dimostra a te stesso che sei il *factotum* della tua vita!

Questo mio libro non vuole essere un mero elenco delle cose che ho fatto, un'autocelebrazione fine a se stessa per raccontare la strada che ho percorso. Questo diario vuole essere un aiuto per te, per farti continuare a credere in te stesso e dare linfa ai tuoi valori.

A me è servito scriverlo, come tappa dei miei primi 40 anni, per lasciare un messaggio.

Ancora oggi ci sono persone che mi deridono e mi prendono in giro. Sono ignoranti, perché ignorano la mia professione.

Non sanno che così facendo non offendono solo me, il mio impegno, la mia professionalità, ma anche quelli di tutte le migliaia di persone che lavorano dietro le quinte, hanno famiglie da mantenere e faticano ogni giorno per ottenere la perfetta riuscita dello spettacolo.

Non bastano altri 40 anni per realizzare tutti i miei sogni. Vorrei aprire una casa di riposo per anziani e organizzare spettacoli domenicali per mantenere viva l'attenzione dell'ospite, con aree comuni, prive di quell'insopportabile odore di ammoniaca, e piccoli salotti dove la famiglia si può radunare con il nonno che soggiorna, e chiacchierare come a casa.

Vorrei organizzare una scuola materna con un grande cortile facilmente accessibile ai bambini disabili, aree educative per l'avviamento allo studio della musica e della lingua inglese, e una enorme sala auditorium per le feste.

Mi piacerebbe concludere l'esecuzione del repertorio rossiniano e proprio mentre scrivo questi saluti arrivano proposte per "*Semiramide*" e "*La Gazzetta*".

Grazie per aver seguito il mio viaggio.

Spero vivamente che tra i lettori ci sia qualche giovane intenzionato a intraprendere una carriera lirica, e che possa aver trovato nei miei scritti un suggerimento, un incoraggiamento ad andare avanti, uno spunto per iniziare o uno sprone per proseguire.

Non ti illudere: niente si raggiunge facilmente, niente di importante si ottiene senza lottare, senza impegnarsi, senza dedizione.

Ma ciò che si prova alla fine, lassù, sul palco, ogni volta che si apre il sipario, ripaga di ogni fatica.

Crederci sempre, arrendersi mai. Così si sconfigge la paura, il dolore, l'angoscia; così si vince.

Sii felice. Sempre. Io lo sono.

Performance Experience

2004
Dido and Aeneas (Marinaio), aprile, Teatro Conservatorio di Torino, Dir. Dario Tabbia | Reg. Giulia Polacco.
Idomeneo (Troiano prigioniero), ottobre, Teatro Sociale Como, Dir. Carlo De Martini | Reg. Pierluigi Pizzi.
L'elisir d'Amore (Nemorino), novembre, Teatro Grande Brescia, Dir. Pietro Mianiti | Reg. Filippo Crivelli.

2005
Rejoice in the lamb (tenore solista), maggio, Teatro alla Scala (Chiesa San Marco), Dir. Bruno Casoni.
Il viaggio a Reims (Cavalier Belfiore), agosto, "*Rossini Opera Festival*" in Pesaro, Dir. Daniele Belardinelli | Reg. Emilio Sagi.
Il viaggio a Reims (Cavallier Belfiore), novembre, Theater Jerevan Armenia, Dir. Alberto Zedda.
Messa da Gloria di Isabella Leonarda (1620 – 1704), (tenore solo), ott/dic, Auditorium Ricardo Montalban Hollywood e Città del Vaticano, Orchestra Coccia di Novara, Dir. Paolo Monticelli.

2006
Il barbiere di Siviglia (Conte di Almaviva), gennaio, Teatro Casinò di Sanremo, Orchestra Sinfonica di Sanremo,
Dir Giovanni Di Stefano, Francesco Torrigiani.
Il mondo della luna (Eclittico) di G. Paisiello, marzo, Teatro Verdi Trieste, Dir. Filippo Bressan | Reg. Gino Landi.
La Dirindina (Liscione), agosto, Spoleto Festival,
Dir. Andrea Amarante | Reg. Alessio Pizzech.
Il barbiere di Siviglia (Conte di Almaviva), settembre, Spoleto Festival, Dir. Vito Clemente | Reg. Giorgio Presburgher.
La finta giardiniera (Don Anchise o Podestà), ottobre, Maggio Musicale Fiorentino, Firenze,
Dir. Enrique Mazzola | Reg. Emilio Sagi.

2007

Il barbiere di Siviglia (Conte di Almaviva), gen/feb/mar,
Tour in Centro America (Guatemala, San Salvador, Nicaragua, Honduras, Costa Rica, Panama),
Dir. Bruno Dastoli | Reg. Costantino Juri.
Recital a Doha, giugno, Pianista Andrea Amarante.
Il barbiere di Siviglia (Conte di Almaviva), luglio,
Teatro Buncakaikan Tokyo e Japan tour,
Dir. Vito Clemente | Reg. Giorgio Presburgher.
Otello (Lucio e Gondoliere), agosto, "*Rossini Opera Festival*",
Dir. Renato Palumbo | Reg Giancarlo Del Monaco.
La Cenerentola (Don Ramiro), sett/ott, Teatro Nuovo di Spoleto,
Dir. Giuseppe La Malfa | Reg. Alessio Pizzech.
Il barbiere di Siviglia (Conte di Almaviva), novembre,
Teatro V. Emanuele II, Messina.
Dir. Vito Clemente, Reg. Giorgio Presburgher.

2008

La Cenerentola (Don Ramiro), gennaio. Teatro Nuovo Spoleto,
Dir. Giuseppe La Malfa | Reg. Alessio Pizzech.
Recital Rossiniano, febbraio, Asti, Pianista A.Campora.
Il barbiere di Siviglia (Conte di Almaviva), marzo, Doha (Qatar),
Dir. Vito Clemente | Reg. Giorgio Pressburger.
Lucrezia Borgia, *(*Rustighello*),* aprile, Teatro Regio di Torino,
Dir. Bruno Campanella | Reg. Francesco Bellotto.
***Recital* L'Avana,** maggio (Cuba), Pianista Francesco Massimi.
Otello (Rodrigo) di G.Rossini, giu/lug, Opéra de St. Moritz,
Dir. Jan Schultsz | Reg. Joachin Rathke.
Maometto II, (Condulmiero) agosto, "*Rossini Opera Festival*", Pesaro,
Dir. Gustav Kuhn | Reg. Michael Hampe.
La Cenerentola, Set/Ott, Spoleto festival & Tour Umbria,
Dir. Giuseppe La Malfa | Reg. Alessio Pizzech.
I Capuleti e i Montecchi, (Tebaldo), ott/nov, Teatro Carlo Felice di Genova, Dir. Donato Renzetti | Reg. Robert Carsen.
Otello (Jago), ***Maometto II*** (Condulmiero).

Le nozze di Teti e di Peleo (Giove),
novembre, "*Rossini Opera Festival*" Tour in Japan,
Dir. Alberto Zedda, Gustav Kuhn | Reg. Giancarlo Del Monaco,
Michael Hampe.
The Messiah, (tenore solo), dicembre. Theater in Domodossola,
Arona, Varallo Sesia, Orchestra Carlo Coccia,
Dir. Marco Berrini.

2009
L'anno nuovo vien cantando, gennaio, Recital, Asti,
Pianista Andrea Campora.
Messa si min. di J.S.Bach, febbraio, Novara,
Orchestra Carlo Coccia, Dir. Marco Berrini.
Il Viaggio a Reims, (Luigino), apr./mag, Teatro alla Scala,
Dir. Ottavio Dantone | Reg. Luca Ronconi.
Il Viaggio a Reims, (Libenskof), Maggio, Teatro Comunale Piacenza,
Dir. Daniel Ang | Reg. Rosetta Cucchi.
Il barbiere di Siviglia, (Conte di Almaviva), giu/lug, Opéra St.Moritz,
Dir. Jan Schultsz | Reg. Karol Gruber.
Concerto di Ferragosto, Orchestra "Bartolomeo Bruni" di Cuneo,
Diretta TV su RAI TRE da Chianale (CN),
Dir. Antonio Tappero Merlo.
La Traviata (Gastone), ottobre, Teatro Regio Torino,
Dir. Gianandrea Noseda | Reg. Laurent Pelly.
Gran Galà Enrico Iviglia, novembre, Teatro Alfieri di Asti, Orchestra
Sinfonica di Asti, Dir. Silvano Pasini.
The Messiah (tenore solo), dicembre, Teatro delle Muse di Ancona,
Orchestra Filarmonica Marchigiana, Dir. Marco Berrini.

2010
Il barbiere di Siviglia, (Conte di Almaviva), febbraio, Teatro La
Fenice di Venezia. Dir. Daniele Rustioni | Reg. Bepi Morassi.
Recital Rossiniano, Sala del Coro "Benedetto Alfieri", Asti,
Pianista Andrea Campora.
Il viaggio a Reims, (Libenskof), aprile, Teatro Real di Madrid,

Dir. Eun Sun Kim | Reg. Emilio Sagi.

Il viaggio a Reims, (Libenskof), maggio, Teatro Rossini di Lugo (RA), Dir. Aldo Sisillo | Reg. Rosetta Cucchi.

Concerto delle Colline, giugno, Orchestra Sinfonica di Asti, Dir. Silvano Pasini.

La Traviata (Gastone), lug./ago, Teatro Bunka Kaikan di Tokyo Dir. Gianandrea Noseda | Reg. Laurent Pelly.

Il Matrimonio segreto (Paolino), settembre, Teatro Nuovo Spoleto, Dir. D.M. Gil de Tejada | Reg. Paolo Rossi

L'Elisir D'Amore (nemorino) sett./ott. Tour Umbro, Dir. Carlo Palleschi | Reg. Giorgio Bongiovanni.

L'elisir d'amore, ott/nov. Teatro La Fenice, Dir. Matteo Beltrami | Reg. Bepi Morassi.

Il viaggio a Reims (Libenskof), novembre, Teatro Verdi di Busseto e Teatro Alfieri di Asti, Dir. Aldo Sisillo | Reg. Rosetta Cucchi.

Jephte di G. Carissimi, (tenore solo) dicembre, Novi Ligure, Alessandria,
Dir. Gian Mario Bosio.

2011

***L'Italiana in* Algeri** (Lindoro), Concerto, Circolo Artisti di Bologna, Pianista Giuliana Panza.

Concerto Lirico, febbraio, Riccione, Pianista, Paolo Gobbi.

L'Italiana in Algeri (Lindoro), aprile, concerto, Teatro Alfieri Asti, Pianista Giuliana Panza.

Requiem di W.A.Mozart, aprile, Milano, Dir. Michele Brescia.

La Traviata (Gastone), apr/mag, Teatro Regio di Torino, Dir. Patrick Fournillier | Reg. Laurent Pelly.

La Traviata, (Gastone), maggio, Theater Wiesbaden, Dir. Marco Armiliato | Reg. Laurent Pelly.

L'Italiana in Algeri, (Lindoro), luglio, Teatro alla Scala, Dir. Antonello Allemandi | Reg. Jean Pierre Ponnelle, (ripresa da Lorenza Cantini).

Il barbiere di Siviglia, sett/ott. Teatro Malibran di Venezia,

Dir. Andrea Battistoni | Reg. Bepi Morassi.
Il barbiere di Siviglia, ottobre, Palabassano, Bassano del Grappa
Dir. Giovanni Battista Rigon | Reg. Bepi Morassi.
Concerti di Natale per Bank CassaRisparmioAsti. Orchestra Asti Filarmonica Dir. Emmanuel Siffert.

2012
La Cenerentola (Don Ramiro), gennaio, *concerto,* Teatro Rossini Lugo (RA)
L'Italiana in Algeri (Lindoro) gen/feb, *Opéra National de Lorraine, Nancy, Dir. Paolo Olmi* Reg. David Hermann.
Buon compleanno Rossini, febbraio, recital, Asti, Pianista Carlo Negro.
Petite Messe Solennelle di G.Rossini (tenore solo), marzo, Tortona. Pianoforte e Harmonium, Dir. Gian Marco Bosio.
Petite Messe Solennelle di G. Rossini, (tenore solo), aprile, Alessandria,
Dir. Gian Mario Bosio.
L'Italiana in Algeri (Lindoro), maggio, Teatro Comunale di Bologna, Dir. Paolo Olmi | Reg. Francesco Esposito.
Il barbiere di Siviglia (Conte di Almaviva), luglio, Festival di Marghera, (Teatro Fenice production), Dir. Andrea Battistoni | Reg. Bepi Morassi.
L'occasione fa il ladro (Don Eusebio), ottobre, Teatro Malibran (Prod. Fenice). Dir. Stefano Rabaglia | Reg. E. Brusa.
Così Fan Tutte (Ferrando), novembre, Teatro Vipiteno (BZ),
Dir. Francesco Omassini | Reg. Patricia di Paolo.
Recital Rossiniano, Théâtr di Laval, Loira, Gioele Muglialdo, Pianista Giole Muglialdo.
Magnificat BW 243 - The Messiah, *Dicembre,* Pinerolo, Orchestra Giovanile Piemontese, Dir. Mario Cappellin.
Messa in Sol Maggiore (tenore solo), Alessandria, Orchestra Classica di Alessandria, Dir. Gian Marco Bosio.
Il barbiere di Siviglia (Conte di Almaviva), Tiroler Landes Theater di Innsbruck, Dir. Vito Cristofaro, Reg. Annette Leistenschneider.

2013

Il barbiere di Siviglia (Conte di Almaviva), gennaio, Teatro Reggio Emilia, (Teatro alla Scala production),
Dir. Francesco Angelico, Reg. Damiano Michieletto.

Il barbiere di Siviglia" (Conte di Almaviva), febbraio, Teatro Comunale Modena, (Teatro alla Scala Production),
Dir. Francesco Angelico, Reg. Damiano Michieletto.

La Traviata" (Gastone), marzo, Teatro Regio di Torino,
Dir. Corrado Rovaris | Reg. Laurent Pelly.

Il barbiere di Siviglia (Conte di Almaviva), maggio, Tirolen Landes Theater, Innsbruck, Dir. Kevin John Eudusei | Reg. Annette Leistenschneide.

Lo Speziale (Speziale o Sempronio) di J.Haydn, luglio, Opéra da chambre de Géneve, Dir. Franco Trinca | Reg. Paolo Pacini.

La cambiale di matrimonio (Edoardo Milfort), agosto, Concert Theater Ingolstadt, Georgishes Kammerororchestrer, Dir. Marco Spadano.

Il Turco in Italia (Narciso), sett/dic. Theater Biel/Bienne (CH),
Dir. Marco Zambelli | Reg. Pierre Emanuelle Rousseau.

2014

Il Turco in Italia (Narciso), gennaio, Theater Winterthur (CH),
Dir. Marco Zambelli | Reg. Pierre Emmanuelle Rousseau.

L'occasione fa il ladro, febbraio, Teatro Verdi Trieste,
Dir. Josè Manuel Pérez-Sierra | Reg. Elisabetta Brusa

Maometto II (Condulmiero)**,** mar/apr**,** Teatro all'Opera di Roma
Dir. Claudio Abbado | Reg. Pier Luigi Pizzi.

The Messiah (tenore solo), giugno, Teatro Civico di Tortona (AL), Civico di Alessandria, Auditorium Novi Ligure (AL), Orchestra sinfonica di Alessandria, Dir. Gian Marco Bosio.

Betly (Daniele), sett/Ott, Donizetti Festival, Teatro Donizetti e Sociale di Bergamo,
Dir. Giovanni Battista Rigon | Reg. Luigi Barilone.

La scala di seta (Dorvil), novembre, Teatro di Sassari Ente Concerti Marilisa De Carolis, (Teatro La Fenice Production)

Dir. Francesco Pasqualetti | Reg. B. Morassi.
Don Pasquale (Ernesto) in Concert, dicembre,
Theater Haidenhaim (D), Dir. Marcus Bosch.
Petite Messe Solennelle (tenore solo), Theatre Université Antonine,
Beirut (Libano), Dir. Toufic Maatouk.

2015
Don Pasquale (Ernesto), febbraio, Teatro Sociale di Rovigo,
Dir. Victor Ploskina | Reg. Francesco Bellotto.
Il Turco in Italia (Albazar), marzo, Teatro Regio Torino,
Dir. Daniele Rustioni, Reg. Cristopher Alden.
Recital Unesco, maggio, Cantine Coppo, Canelli (AT).
Pianista Andrea Campora.
Magnificat di J.S.Bach, giugno, Chiesa San Eustorgio Milano,
Orchestra Coccia Novara, Dir. Michele Brescia.
Le Comte Ory (title role), set/dic, Theater Biel/Bienne (CH),
Dir. Marco Zambelli | Reg. Pierre Emanuelle Rousseau.
The Messiah (tenore solo) dicembre, Santiago de Compostela (E),
Real Filharmonìa de Galicia, Dir. Enrico Onofri.

2016
Le Comte Ory (title role), gennaio, Theater Winterthur (CH),
Dir. Marco Zambelli | Reg. Pierre Emanuelle Rosseau.
Stabat Mater (tenore solo), febbraio, Chiesa San Gaudenzio,
Orchestra Coccia Novara, Dir. Michele Brescia.
The Messiah (tenore solo), marzo, Chiesa San Eustorgio Milano,
Orchestra Coccia Novara, Dir. Marco Berrini.
Recital Operistico, maggio, Teatro Grande Brescia.
Pianista Alessandro Trebeschi.
La Cenerentola (Don Ramiro), lug/dic, Stadt Theater Regensburg,
Dir. Tetsuro Ban | Reg. Uwe Schwatz
Achille in Sciro (Licomede), novembre, Teatro San Carlo di Napoli,
Dir. Alessandro De Marchi | Reg. Filippo Zigante.
Otello (Lucio & Gondoliero) di G.Rossini, nov/dic, Teatro San Carlo
di Napoli, Dir. Gabriele Ferro | Reg. Amos Gitai.

Petite Messe Solennelle (tenore solo), dicembre, Alessandria, Dir. Gian Mario Bosio.
Incoronation Mass K317 (tenore solo), Asti, Dir. Mario Della Piana.

2017
Betly (Daniele) di G.Donizetti, gennaio, Appenzel (CH). Dir. Daniel Moos.
La Cenerentola (Don Ramiro), gennaio, Stadt Theater Regensburg, Dir. Tetsuro Ban | Reg. Uwe Schwatz.
Stabat Mater (tenore solo), aprile, Basilica Sant'Eustorgio (MI), Dir. Michele Brescia.
Il Viaggio a Reims (Luigino), giugno, Teatro dell'Opera di Roma, Dir. Stefano Montanari, Reg. Damiano Michieletto.
La Cenerentola (Don Ramiro), luglio, Luglio Musicale Trapanese, Dir. Dejan Savić | Reg. Aldo Tarabella.
L'occasione fa il ladro (Don Eusebio), settembre, Teatro la Fenice di Venezia, Dir. Michele Gamba | Reg. Elisabetta Brusa.
Il barbiere di Siviglia (Conte di Almaviva), ottobre, Teatro Guglielmi Massa, Dir. Bruno Nicoli | Reg. Aldo Tarabella.
Rossini Concerts, ottobre, Alte Oper Frankfurt, Gotha, Eisenach, Thüringen Philarmonie, Dir. Hermann Breuer.
Il barbiere di Siviglia (Almaviva), novembre, Ente Concerti Marilisa de Carolis (Sassari), Dir Giulio Plotino, Reg. Giulio Ciabatti.
The Messiah di J.F.Händel versione Mozart KV572 (tenore solo), dicembre Teatro Miguel de Cervantes, Malaga, Dir. Diego Gonzáles Ávilla.

2018

Il barbiere di Siviglia (Conte di Almaviva), febbraio, Teatro La Fenice Venezia, Dir. Stefano Montanari | Reg. Bepi Morassi.

Il barbiere di Siviglia (Conte di Almaviva), febbraio, Teatro Giotto, Borgo S. Lorenzo (FI), Dir. Andrea Secchi.

Il barbiere di Siviglia (Conte di Almaviva), marzo, Mainfranken Theater Würzburg (I), Dir. Marie Jacquot | Reg. M. Trabusch.

Il barbiere di Siviglia (Conte di Almaviva), aprile, Teatro Regio Torino, Dir. Giulio Laguzzi | Reg. Vittorio Borrelli.

Petite Messe Solennelle (tenore solo), aprile, Asti,
Dir. Gian Marco Bosio.

La Traviata (Gastone), mag/giu, Teatro La Fenice Venezia,
Dir. Francesco Ivan Ciampa | Reg. Robert Carsen.

Il barbiere di Siviglia (Conte di Almaviva), luglio, Castello di Castell'Alfero (AT), recital, Pianista Andrea Campora.

La Dirindina (Liscione), luglio, Teatro San Carlo Napoli,
Dir. Maurizio Agostini | Reg. Riccardo Canessa.

Concerto Rossiniano, luglio, Tones on the Stones Festival,
Dir. Manuela Ranno | Reg. Renato Bonajuto.

La Traviata (Gastone), ago/sett/ott, Teatro La Fenice Venezia,
Dir. Sesto Quatrini | Reg. Robert Carsen.

La Semiramide (Mitrane), ottobre, Teatro La Fenice Venezia,
Dir. Riccardo Frizza | Reg. Cecilia Ligorio.

Recital Lirico, Dicembre, Teatro Alfieri Asti,
Pianista Andrea Campora.

2019

La Traviata (Gastone), gen/feb, Teatro La Fenice Venezia,
Dir. Sesto Quatrini | Reg. Robert Carsen.

La scala di seta (Dormont), marzo, Royal Opera House Muscat (Oman), *Rossini Opera Festival* Production.
Dir. Ivan Lopez Reynoso | Reg. Damiano Michieletto

Requiem (Mozart), marzo, Chiesa San Marco (Milano),
Orchestra Mozart | Dir. Aldo Bernardi.

Cantata BWV 88, marzo, Collegiata S. M. Maggiore (Novi L.)

Orchestra Classica Alessandria | Dir. Pierangelo Pietracatella.
La Traviata (Gastone), mar/apr, Teatro La Fenice Venezia,
Dir. Francesco Lanzillotta | Reg. Robert Carsen.
Dolce amaro e la pozione magica (Nemorino nell'Elisir d'amore)
maggio, Teatro Regio Torino,
Dir. Giulio Laguzzi | Reg. Anna Maria Bruzzese.
Il barbiere di Siviglia, (Conte di Almaviva),
Sett '19/Giu '20 | Stadttheater Giessen (D).
Dir. Michael Hofstetter | Reg. Dominik Wilgenbus.
La Traviata (Gastone), ott/nov, Teatro La Fenice Venezia,
Dir. Stefano Ranzani | Reg. Robert Carsen.

INDICE

Passione, volontà e determinazione sono alcune delle carte vincenti per costruire un percorso artistico.
Qualcuno la chiama carriera.
Per me è passione tramutata in lavoro.

Questo è il libro del tenore Enrico Iviglia, in cui racconta i suoi primi quarant'anni: ricordi d'infanzia, aneddoti teatrali, insuccessi.
Un diario di esperienze, avventure, viaggi, per raccontare il percorso fatto finora nei teatri di tutto il mondo, interpretando con la sua voce tenorile i principali ruoli nelle opere liriche.
Dalle prime esperienze in coro, al debutto al Teatro alla Scala; dal bullismo degli anni '80, alle difficoltà per mantenere un livello professionale sempre costante.
"AD ALTA VOCE". Quarant'anni di vita trascorsi tra spontaneità e sorrisi, mettendo il proprio obiettivo sempre davanti. Una vita affamata di *like*? Affamata di successo? dell'essere belli a tutti costi e avere una posizione sociale riconosciuta? Ma perché?
Ad alta voce, per me è spontaneità, cercare il positivo che c'è in ogni persona, filtrare i pettegolezzi ed evitare dialoghi non costruttivi, saper trasmettere agli altri la bellezza e la passione per quello che si sta facendo.
Il pubblico dei teatri è "affamato di sorrisi".

Perché, per il tenore Iviglia, bisogna sempre sorridere, non ridere; essere buffo, ma non buffone; avere il coraggio di fare il passo più lungo della gamba: al massimo si inciamperà!
L'importante, però, è rialzarsi sempre e non commettere più gli stessi errori.

RINGRAZIAMENTI

Ringrazio i miei genitori, Renata Pippione e Mario Iviglia.

Laura Avidano, per avermi seguito in questa prima avventura editoriale.
Romina Tondo e Pablo T per aver creduto nella mia storia.
Aliopera, Milano | Artists Manager
Enrico Magri (Drella Studio Foto Milano)
Daniela di Rosa (stylist)
Paola Caldera (segreteria)
Efrem Zanchettin (foto pubblicità)
Alessia Conti (consulenza)

Ringrazio i miei amici, i fans e tutte le persone che mi vogliono bene e credono in me!

<u>Il sito del tenore Enrico Iviglia:</u>

www.enricoiviglia.it

Prima Edizione Settembre 2019
Stampato in Italia - Printed in Italy